Die grüne Lunchbox

Die grüne Lunchbox

Köstliche Rezepte, die gut für dich und den Planeten sind

Becky Alexander

Illustrationen von Sally Caulwell
Fotos von Issy Croke

Aus dem Englischen von Birgit van der Avoort

LAURENCE KING VERLAG

Wie rettest du die Welt in der Mittagspause?

Wir alle machen uns Gedanken um den Klimawandel und wollen uns für die richtigen Veränderungen in unserem Leben entscheiden, aber manchmal sind wir einfach überfordert und regelrecht erschlagen von all den Ratschlägen. Wir sind permanent mit irgendetwas beschäftigt und ein umweltbewussteres Leben scheint manchmal schwer in unseren Alltag integrierbar. Vereinfachen wir das Ganze doch etwas: Du kannst kleine, recht simple Veränderungen in dein Leben einbauen, die trotzdem Wirkung zeigen. Und das geht selbst in deiner Mittagspause.

Wenn du dir, anstatt Verpacktes zu kaufen, dein eigenes Lunchpaket zubereitest, und sei es auch nur einmal in der Woche, leistest du einen Beitrag zur Reduzierung der überbordenden Einwegverpackungen. Allein in Großbritannien* stehen wir jeden Tag vor einem großen Berg an Sandwichpackungen, Salatschalen, Suppenbechern und Einwickelpapier. Das meiste davon wird nicht, und kann auch nicht, recycelt werden, und landet stattdessen im Ausland oder in der Müllverbrennung. Die Lösung ist ganz einfach: Wir müssen weniger benutzen. Wenn du eine Butterbrotdose mitnimmst, ist das schon ein Weg, um Einwegverpackungen aus Plastik zu reduzieren.

Du kannst aber auch die Menge an tierischem Eiweiß reduzieren, um einen Beitrag zum Umweltschutz zu leisten. Deshalb sind alle Rezepte in diesem Buch vegan oder vegetarisch. Das erleichtert dir die Auswahl.

„Weniger Fleisch zu essen, ist eine höchst wirkungsvolle Weise, deinen Fußabdruck auf diesem Planeten zu reduzieren – noch besser, als Autofahren und Fliegen einzuschränken." **

Bevorzugst du saisonale und regionale Produkte? Tja, bei fertig gekauften Lunchpaketen hast du diese Entscheidungsfreiheit nicht. Die Hersteller von Salaten und Sandwiches produzieren jeden Tag das Gleiche, unabhängig von der Jahreszeit, und lassen auch Zutaten einfliegen, selbst wenn sie vor der Haustür ausreichend Alternative hätten. Wenn du saisonale Lebensmittel kaufst, dann abonniere am besten eine wöchentliche Gemüsekiste beim Bauern in deiner Nähe oder baue dein Gemüse selbst an – ich hoffe, dass dir das Buch genug Ideen liefert, was du mit dem Gemüse alles anstellen kannst. In Massen hergestellte Mittagessen enthalten vielfach Fleisch, Fisch und tierische Produkte, die nicht nach Tierschutzstandards produziert wurden. Wenn du dir um das Tierwohl Gedanken machst, dann solltest du dich informieren, woher das Tierprotein kommt.

Wenn du weniger fertige Lunchmahlzeiten isst und deinen Lunch stattdessen selbst zubereitest, erhältst du auch eine bessere Qualität für dein Geld. In diesem Buch findest du 60 einfache, köstliche und fleischlose Rezepte, vom Sommersalat bis zu wärmenden Wintersuppen und Eintöpfen, Wraps, leckeren belegten Broten und Snacks, die dich zwischen Besprechungen fit halten. Ob du nun zu Hause isst, unterwegs oder auf der Arbeit – mit diesen Rezepten sparst du Zeit und Geld und leistest deinen Beitrag zum Umweltschutz.

Mach dir keine Gedanken, wenn nicht jeder Lunch hundertprozentig umweltfreundlich ist – kleine Unterschiede addieren sich zu einem GROSSEN Unterschied. Die Revolution der alltäglichen Mittagspause beginnt hier und jetzt!

Einkaufen und vorbereiten

Ist es dir zu zeitaufwendig, deinen Lunch selbst zuzubereiten? Seien wir ehrlich: Wenn du in der kurzen Mittagspause deine Zeit damit vergeudest, im vollen Supermarkt oder an der Lunchtheke anzustehen, ist das auch kein Spaß. Es geht eher darum, wie und wo du deine Zeit verbringst. Warum fängst du nicht mit ein oder zwei selbst gemachten Lunchpaketen pro Woche an? Vielleicht stellst du ja fest, dass es dir Spaß macht.

---

*Weltweit produzieren wir 78 Millionen Tonnen Plastikverpackungen im Jahr, von denen nur 14 Prozent recycelt werden (www.nationalgeographic.com, August 2019).

**Resümee der Autorin aus der Arbeit von Dr. M. Clark (The Oxford Martin School and Nuffield Department of Population Health) et. al., Global Food System Emissions, *Science*, November 2020.

Für eine bessere Struktur und Zeitoptimierung findest du bei den Rezepten die folgenden Symbole:

K **Kühlschrank.** Du nimmst einfach die Zutaten, die gerade im Kühlschrank sind.

5 **5 Minuten.** Superschnelle Mittagessen. Ideal fürs Homeoffice.

R **Reste.** Mittagessen aus all dem, was typischerweise vom Vortag übrig geblieben ist.

V **Vorabend.** Unkomplizierte Rezepte, bei denen es aber zu aufwendig ist, sie noch vor der Arbeit zuzubereiten.

W **Wochenende.** Gerichte, die du portionsweise vorkochen kannst, wenn du etwas mehr Zeit hast.

Tipps für eine möglichst unkomplizierte Lunch-Zubereitung:

1. **Erledige Einkäufe am Wochenende.** Lege dir Vorräte wie Dosen mit Hülsenfrüchten, Oliven im Glas, Tiefkühlgemüse usw. an, dann hast du immer schnell einige Grundnahrungsmittel griffbereit.

2. **Probiere die Abo-Gemüsekiste.** Inzwischen ist dieser Bestellservice absolut flexibel. Du brauchst nur das zu nehmen, was du magst, und kannst das Abo auch aussetzen, wenn du verreist bist. Zudem werden kleine, mittlere oder große Kisten angeboten. Wähle ein Abo, das auch Ausschussware aus dem Supermarkt enthält (also alles, was die falsche Größe hat oder übrig ist). So hast du die größtmögliche Abwechslung und bekommst in den „Hungermonaten" nicht nur Wintergemüse. Außerdem kannst du so auch Gemüse probieren, das du sonst links liegen lassen würdest. Ich habe einige Ideen für „schwierige" Zutaten mit aufgenommen, die vielleicht in der Gemüsekiste liegen.

3. **Wähle regionale Produkte.** Kurze Lieferketten bedeuten auch weniger CO_2-Emissionen.

4. **Entscheide dich gegen Importware.** Lebensmittel zu importieren, z. B. Avocados, ist immer problematisch. Versuche einfach mal, auf Regionalität zu setzen, wenn du sonst dazu neigst, importierte Waren

zu kaufen. Erbsen, beispielsweise, sind eine vorzügliche Proteinquelle und köstlich zum Chili-Limetten-Toast (Seite 96). Bauernläden und Märkte verkaufen mehr lokal erzeugte Produkte als Supermärkte.

5. **Kaufe langlebiges frisches Gemüse und Obst.** Rettich, Spinat, Paprika, Möhren, Pastinaken, Kürbis etc. halten ewig und sind ideal für Gerichte zum Ende der Arbeitswoche.

6. **Mische nach Belieben.** Wenn du ein bestimmtes Lebensmittel nicht hast oder es gerade keine Saison hat, dann nimm einfach etwas anderes. Du bereitest schließlich dein Mittagessen zu und kein Restaurant-Menü. Nimm das, was du hast, und tausche Dinge beliebig aus.

7. **Kaufe Nachfüll-Produkte oder Unverpacktes.** Sammle Schraubgläser. Diese nimmst du mit zum Markt oder zum Unverpacktladen, um Hülsenfrüchte, Reis, Nudeln, Getreide, Gewürze, Nüsse, Trockenfrüchte, Schokolade, Nährhefe, Olivenöl und Ähnliches abfüllen zu lassen.

8. **Verwende Stoffbeutel oder Einkaufsnetze.** Sie sind erste Wahl für unverpacktes Gemüse und Obst. Oder verwende Plastiktüten, die du sowieso schon im Haus hast, so lange wie möglich. Bewahre immer einige Taschen im Auto auf, dann hast du sie stets parat.

9. **Plane im Voraus.** Koche eine Suppe oder röste Gemüse schon am Wochenende, dann geht es in der Woche schneller. Bereite kleine Portionen von Hülsenfrüchten vor, wenn du möchtest. Wenn du häufig alten Ingwer oder Knoblauch wegwirfst, dann gewöhne dir an, Reste klein zu hacken und in den Tiefkühler zu packen. Du kannst sie dann gefroren verwenden – ein Teelöffel entspricht ungefähr einer Knoblauchzehe oder 1 cm Ingwerwurzel.

10. **Beherzige umweltfreundliche Kochtipps.** Du brauchst den Backofen nicht so lange vorzuheizen, wie du vielleicht denkst – je neuer der Ofen, desto schneller ist er vorgeheizt. Gemüse zu rösten, wenn der Ofen noch für etwas anderes genutzt wird, ist umweltfreundlicher, als ihn nur fürs Mittagessen zu erhitzen. Alle Gradangaben in den Rezepten sind für einen elektrischen Umluftbackofen berechnet. Umrechnungen für einen Backofen mit Ober- und Unterhitze findest du auf Seite 142. Lege immer einen Deckel

auf den Topf, wenn du etwas dämpfst oder garst, um die Garzeit zu beschleunigen und die nötige Wärmemenge zu reduzieren. Du musst nicht die allerneuesten Kochgeräte benutzen – nimm das, was du hast. Und wenn du etwas Neues brauchst, dann versuche, es gebraucht zu kaufen.

11. **Kaufe nur gutes Brot.** Brot ist eines der Lebensmittel, die wir am häufigsten wegwerfen (Milch und Salatblätter sind die anderen). Gewöhne dir an, Brot einzufrieren und nur das herauszunehmen, was du an dem Tag auch wirklich isst. Sauerteig-, Roggen- und Vollkornbrot mögen dir teuer vorkommen, aber sie bieten mehr fürs Geld, denn sie machen viel schneller satt als Weißbrot. Schneide das Brot frisch in Scheiben und friere diese ein.

12. **Kaufe online.** So entgehst du der Versuchung, Dinge zu kaufen, die du nicht unbedingt brauchst, und die sich rechnen, wenn du vorausschauend planst. Wir neigen dazu, mehr zu kaufen, wenn wir in letzter Minute und hungrig unser Mittagessen kaufen.

Lunchpakete vorbereiten

Wenn du deinen Mittagslunch mit zur Arbeit nimmst, dann brauchst du unbedingt eine Butterbrotdose, einen Thermosbehälter für Suppe und warme Gerichte sowie einige Gabeln und Löffel. Am umweltfreundlichsten ist es natürlich, Behälter zu benutzen, bis sie kaputtgehen. Eine alte Schul-Butterbrotdose, ein Behältnis aus dem Secondhandladen, eine alte Dose, ein Marmeladen- oder Einmachglas … alles geht. Du kannst ein altes Gefäß auch mit Papier oder einem Bienenwachstuch auslegen, bevor dein Lunch hineinkommt. Verwende kleine Schraubgläser für Dressings, Kerne, Nüsse und Suppen-Toppings.

Wenn du eine neue Lunchbox kaufen musst (und eine schöne glänzende Box macht es sehr verlockend, das eigene Lunchpaket mitzunehmen!), dann nimm Boxen aus recyceltem Kunststoff oder aus Pflanzenfasern. Boxen mit Abtrennungen (wie Bento-Boxen) sind klasse, denn dann kannst du Brot, Cracker, Croûtons, Trockenfrüchte, alles, was du willst, einzeln hineinlegen, und nichts weicht mehr durch, wenn es mit dem restlichen Lunchpaket in Berührung kommt.

Aluminiumfolie und plastikfreie Frischhaltefolie können mehrfach verwendet werden, aber ich nehme für Bagels, Wraps und belegte Brote gern Bienenwachstücher – einfach nach dem Gebrauch mit warmem Seifenwasser abspülen und wieder glattziehen. Wenn dein Wachstuch zerknittert aussieht, lege es unter ein Küchentuch und bügle es glatt.

Eine Thermosflasche ist eine gute Investition. Schau dir in Ruhc an, was angeboten wird und was für deine Zwecke am besten geeignet ist. Du kannst darin Suppen, Eintöpfe, Chilis und Currys mit zur Arbeit nehmen. Die Kosten für die Thermosflasche haben sich vor allem bei warmen Speisen schon nach wenigen Tagen amortisiert. Spüle die Flasche vorher mit warmem Wasser aus – so bleibt das Essen bis zum Mittag warm.

Eine Kühltasche und Kühlelemente sind im Sommer ideal, und du bist damit nicht von einem überfüllten Kühlschrank bei der Arbeit abhängig.

Normale Gabeln und Löffel sind okay – du brauchst dir nicht extra neues Kunststoff- oder Bambusbesteck anzuschaffen.

Wasser in Plastikflaschen ist nicht die allerbeste Lösung. Abgepackte Getränke sind schlecht für die Umwelt. Genauso schlecht ist es, wenn du dir eine neue Wasserflasche kaufst, obwohl du schon drei Flaschen im Schrank stehen hast! Wenn du mehr Geschmack im Wasser haben möchtest, gib Gurken-, Orangen-, Zitronen- oder Limettenscheiben hinein, oder einige Himbeeren, Blaubeeren und Erdbeeren. Ein Mehrwegbecher für Heißgetränke spart dir ein kleines Vermögen (einige Cafés geben dir einen Discount, wenn du deinen eigenen Becher mitbringst). Außerdem trägst du so nicht zum ständig wachsenden Berg aus Einwegbechern und Plastikdeckeln bei.

Salate

Grandioser griechischer Salat

Kleine Plastiktöpfchen mit Salat sind Gift für die Umwelt und auch mit Blick auf die Zutaten nicht immer die allerbeste Lösung. Gewöhne dir an, deinen Salat selbst zuzubereiten, und du wirst es nicht bereuen. Alle Zutaten für diesen erfrischenden Salat sind lange haltbar. Du kannst also am Wochenende einkaufen und den Salat erst zum Ende der Woche zubereiten.

Ergibt 2 Portionen
Vorbereitung 5 Minuten,
plus 30 Minuten Marinierzeit
(nach Belieben)

½ **kleine rote Zwiebel,**
   geschält und in feine
   Streifen geschnitten

3 **EL Rotwein- oder**
   Balsamicoessig

1 **sehr reife große**
   Fleischtomate,
   in Stücke geschnitten

½ **kleine Salatgurke,**
   in Stücke geschnitten

1 **Handvoll Kalamata-Oliven,**
   abgetropft

100 g **Schafskäse (Feta)**
   oder veganer Käse
   nach Feta-Art

1 **TL getrockneter Oregano**

Olivenöl extra vergine
   zum Beträufeln

Meersalz und
   schwarzer Pfeffer

Die Zwiebel in einer Schüssel mit dem Essig beträufeln und etwa 30 Minuten marinieren lassen, falls ausreichend Zeit ist (ansonsten ist es auch kein Beinbruch, die Zwiebel ist dann nur schärfer im Geschmack).

Tomate, Gurke und Oliven in der Lunchbox mischen und kräftig mit Salz und Pfeffer würzen.

Mit den Zwiebelstreifen (mitsamt Essig) bestreuen und mischen. Den Schafskäse darauflegen (nach Belieben etwas zerkrümeln), mit Oregano bestreuen und mit ein wenig Olivenöl beträufeln.

Der Salat schmeckt am besten bei Zimmertemperatur statt direkt aus dem Kühlschrank. Deshalb die Lunchbox rechtzeitig herausnehmen.

Salate

Butterbohnen-Halloumi-Salat

Ich habe einen ähnlichen Salat einmal in meinem Lieblingscafé gegessen und dann zu Hause diese Variante zubereitet. Wenn die Bohnen gegart werden, haben sie etwas mehr Biss. Du kannst den Salat warm oder kalt essen und bist somit völlig flexibel, wenn du beruflich unterwegs bist.

Ergibt 2–3 Portionen
Vorbereitung 5 Minuten
Garzeit 5 Minuten

1 EL Rapskern- oder
    Olivenöl extra vergine

2 Frühlingszwiebeln,
    grob gehackt

1 rote Paprikaschote,
    entkernt und klein
    geschnitten

1 Dose Butterbohnen/
    Limabohnen (400 g)

200 g Halloumi oder
    veganer Käse nach
    Halloumi-Art, gewürfelt

2 TL getrocknete gemischte
    Kräuter oder
    getrockneter Oregano

2 EL Apfel- oder Weinessig

schwarzer Pfeffer

2 Handvoll Salatblätter

Das Öl in einer großen Pfanne oder Grillpfanne auf mittlere Temperatur erhitzen und Frühlingszwiebeln, Paprika, Bohnen und Halloumi darin unter Rühren anbraten, bis die Bohnen etwas Farbe angenommen haben und der Halloumi leicht gebräunt ist.

Kräuter und Essig hinzufügen, alles umrühren und mit Pfeffer würzen. Vor dem Essen die Salatblätter untermischen, sodass sie leicht von Öl und Essig überzogen sind.

– Getrocknet oder gegart?

Ist es umweltverträglicher, Bohnen und andere Hülsenfrüchte zu garen oder sie vorgegart in der Dose oder im Glas zu kaufen? Getrocknet sind sie auf jeden Fall billiger, und du kannst sie im Unverpacktladen kaufen, was wiederum Verpackung einspart. Aber du musst auch die Kosten fürs Kochen und die Zeit berücksichtigen, und fertig Gegartes ist natürlich schneller und einfacher. Am umweltfreundlichsten ist es sowieso, weniger Fleisch zu essen. Je häufiger du also Hülsenfrüchte isst, desto weniger macht es aus, in welcher Form du sie kaufst.

Salate

Brokkolini-Möhren-Röstpfanne mit schwarzen Linsen und Chipotle

Brokkolini und Möhren bekommen ein völlig neues Aroma, wenn sie im Ofen geröstet werden. Eine einfache Art und Weise also, alltägliches Gemüse interessanter zu machen! Backe es einfach mit, wenn du das Sonntagsessen kochst – dann ist der Lunch am Montag gerettet! Die Chilipaste sorgt im Handumdrehen für zusätzlichen Geschmack. Bewahre immer ein Glas griffbereit im Kühlschrank auf.

Ergibt 1 Portion
Vorbereitung 5 Minuten
Garzeit 20 Minuten

½ TL Chipotle-Chilipaste

1 TL Rapskern- oder
    Olivenöl extra vergine

1 Handvoll violetter
    Brokkolini (ca. 3 Stiele)

2 Möhren, geschält und
    schräg in 1 cm dicke
    Scheiben geschnitten

2 EL gegarte schwarze
    oder grüne Linsen

½ rote Paprikaschote,
    entkernt und in feine
    Streifen geschnitten

1 Handvoll Brunnenkresse

abgeriebene Schale und
    Saft von ½ Bio-Zitrone

Meersalz und
    schwarzer Pfeffer

Den Backofen auf 220 °C vorheizen (falls er nicht schon für etwas anderes heiß ist).

Chilipaste und Öl verrühren, Brokkolini und Möhren in einer kleinen Auflaufform mischen und das Chiliöl unterrühren. Im vorgeheizten Backofen 120 Minuten rösten, aus dem Backofen nehmen und abkühlen lassen.

Linsen, Paprika, Brunnenkresse und die gerösteten Brokkolini- und Möhrenstücke in die Lunchbox füllen. Zitronenabrieb und Zitronensaft untermengen und alles mit Salz und Pfeffer würzen.

– Den Kühlschrank plündern

Du hast keine der Zutaten im Vorrat? Egal! Ersetze die Möhrenscheiben durch Süßkartoffel- oder Butternuss-kürbiswürfel oder Mais. Oder nimm statt der roten Paprika einfach Radieschen, Zuckererbsen oder grüne Erbsen. Rucola ist eine gute Alternative zu Brunnenkresse.

Salate

20

Bohnen-Erbsen-Salat mit Haselnüssen und Clementinen-Dressing

Jedes Jahr im Sommer liegen in unserer Gemüsekiste immer Dicke Bohnen, und in diesem schnellen Salat zeigen die limettengrünen Schönheiten, was in ihnen steckt. Genieße den Salat mit Baguette oder Sauerteigbrot. Der Saft von Clementine, Satsuma oder einer anderen Zitrusfrucht wird mit etwas Öl zu einem köstlichen, einfachen Dressing angerührt.

Ergibt 1 Portion
Vorbereitung 10 Minuten
Garzeit 3 Minuten

1 große Handvoll frische
    Dicke Bohnen, gepalt

2 EL grüne Erbsen (TK)

1 Handvoll grüne Bohnen,
    halbiert

25 g Haselnusskerne

1 Handvoll Brunnenkresse

abgeriebene Schale
    und Saft von
    1 Bio-Clementine
    oder -Satsuma

1 EL Rapskern- oder
    Olivenöl extra vergine

Meersalz und
    schwarzer Pfeffer

Dicke Bohnen, Erbsen und grüne Bohnen in einem Topf mit köchelndem Wasser 3 Minuten garen, in einem Sieb abtropfen lassen und unter fließendem kaltem Wasser abspülen.

In der Zwischenzeit die Haselnüsse grob hacken (oder mit dem Teigroller grob zerkleinern, falls das einfacher ist).

Die Dicken Bohnen enthäuten.

Alle Bohnen und Erbsen in die Lunchbox legen. Brunnenkresse und Haselnüsse untermischen.

Clementinenabrieb und -saft mit dem Öl verrühren und kräftig mit Salz und Pfeffer würzen. Das Dressing über den Salat gießen.

Sesamnudeln mit Brokkoli, Zuckererbsen und Cashewnüssen

Überraschend einfach in der Zubereitung (versprochen!), steckt dieses Nudelgericht voller Proteine und Aromen – großartig für das schnelle Mittagessen im Homeoffice. Oder du bereitest es morgens zu und nimmst es mit zur Arbeit. Wenn du es gern schärfer magst, gib einfach etwas Sojasauce und Chiliflocken hinzu.

Ergibt 1 Portion
Vorbereitung 5 Minuten
Garzeit 5 Minuten

**50 g Sobanudeln
(Buchweizennudeln)**

**2–3 Brokkoliröschen,
in mundgerechte Stücke
geteilt**

**1 Handvoll Edamame-
Bohnen (TK)**

**8 Zuckererbsen,
grob gehackt**

**2 EL Sesam-
oder Rapskernöl**

1 EL Tamari oder Sojasauce

**1 cm frischer Ingwer,
geschält und gerieben**

¼ TL Chiliflocken

25 g Cashewnüsse

2 TL Sesamsamen

**1 Handvoll Koriandergrün,
gehackt**

**Limettenspalten
zum Garnieren**

In einem großen Topf Wasser zum Kochen bringen. Nudeln, Brokkoli, Edamame-Bohnen und Zuckererbsen hinzufügen und 5 Minuten garen. Alles in ein Sieb geben und unter fließendem kaltem Wasser einige Sekunden abspülen.

Inzwischen für das Dressing Öl, Tamari oder Sojasauce, Ingwer und Chiliflocken in einer Schüssel verrühren. Die Cashewnüsse fein hacken.

Nudeln und Gemüse in der Lunchbox anrichten und das Dressing untermischen. Mit Cashewnüssen, Sesamsamen und Koriander bestreuen und alles mischen. Die Limette kurz vor dem Essen über dem Salat auspressen.

Rote-Bete-Stampf und Regenbogen-Salat mit Haselnuss-Dukkah

Rote Bete leuchten so unvergleichlich – da weiß man gleich, dass sie gesund sind! Sie sind häufig in unserer Gemüsekiste, deshalb mussten wir lernen, sie zu kochen. Nutze übrig gebliebene Blätter in einem Pfannengericht (genau wie die Blätter von Mangold oder Pak Choi). Du kannst auch vorgegarte Rote Bete im Glas kaufen, dann solltest du den Essig vor der Verwendung abspülen. (Nimm möglichst keine vakuumierte Rote Bete, denn die Verpackung lässt den Plastikmüllberg weiter anwachsen.)

Ergibt 2 Portionen
Vorbereitung 10 Minuten
Garzeit 2 Stunden (wenn Rote Beten gegart werden)

2 mittelgroße Knollen Rote Bete, roh oder gegart

1 EL Tahin (Sesammus)

1 Spritzer Zitronensaft (nach Belieben)

Für das Dukkah:

25 g Haselnusskerne

50 g Mandelkerne

1 TL schwarze oder weiße Sesamsamen

1 TL getrocknete gemischte Kräuter

Für den Regenbogen-Salat:

1 Möhre, in lange Bänder geschnitten

2 Handvoll Brunnenkresse oder Rucola

1 Zucchini, geraspelt oder zur Spirale geschnitten

5–6 Radieschen, in Scheiben geschnitten

5–6 Kirschtomaten oder kleine Tomaten, halbiert

Falls rohe Rote Beten verwendet werden, die Knollen gründlich waschen, Stielansatz und Blätter entfernen und die Knollen in Alufolie einwickeln. Im Backofen bei 200 °C (idealerweise, wenn der Backofen sowieso an ist) 2 Stunden rösten, herausnehmen und beiseitestellen. Abkühlen lassen, schälen und in grobe Stücke schneiden.

Für den Rote-Bete-Stampf die gegarte Rote Bete, Tahin und Zitronensaft (falls verwendet) im Mixer zu einem groben Stampf verarbeiten. Falls kein Mixer vorhanden ist, die Rote Bete einfach fein hacken und in einer Schüssel mit Tahin und Zitronensaft verrühren.

Für das Dukkah Haselnüsse und Mandeln im Mixer in kleine Stücke hacken, mit einem Messer grob hacken oder im Mörser grob zerstoßen. Mit den Sesamsamen und den Kräutern mischen.

Für den Regenbogen-Salat das Gemüse auf zwei Lunchboxen verteilen. Den Rote-Bete-Stampf hinzufügen. Vor dem Essen mit dem Dukkah bestreuen.

– Den Regenbogen essen
Wenn du Gemüse in den Farben des Regenbogens isst, kannst du sichergehen, dass du verschiedenste Nährstoffe aufnimmst. Du kannst die Salatzutaten täglich variieren: Probiere auch Rotkohl, Radicchio, geschmorte rote Zwiebel, orangefarbene Paprika, Mais, gelbe Rübchen, Edamame-Bohnen, Erbsen, Zuckererbsen, Brokkoli und grünen Spargel.

Salate

Burrito-Box mit gebratenem Mais und Avocado-Limetten-Salsa

Durch das Braten bekommt der Mais einen karamellisierten, rauchigen Geschmack, doch wenn es schnell gehen muss, kannst du auf vorgegarte Maiskörner aus der Dose zurückgreifen – dann ist der Lunch noch schneller zubereitet. Iss die Burrito-Box einfach pur oder mit Tortilla-Chips (siehe unten). Steht noch cremiger Naturjoghurt im Kühlschrank? Dann gib einen extra Klecks hinzu.

Ergibt 2 Portionen
Vorbereitung 5 Minuten
Garzeit 5 Minuten

1 Maiskolben

1 reife Avocado

10 reife Rispen- oder Kirschtomaten, halbiert

¼ rote Paprikaschote, entkernt und grob gehackt

abgeriebene Schale und Saft von 1 Bio-Limette

¼ TL Chiliflocken (oder ¼ frische Chilischote, fein gehackt)

4 EL gegarte Bohnen (rote, dunkelblaue, schwarze oder Kidneybohnen)

Meersalz und schwarzer Pfeffer

Eine Pfanne oder Grillpfanne auf mittlere Temperatur erhitzen. Mit einem scharfen Messer die Körner vom Maiskolben streifen. Die Maiskörner in der Pfanne 5 Minuten bräunen, bis die Ränder leicht angekohlt sind.

Inzwischen für die Salsa die Avocado halbieren, den Kern entfernen und das Fruchtfleisch mit einem Teelöffel in groben Stücken herauslösen. Avocado, Tomaten und rote Paprika in eine Schüssel füllen, die Hälfte von Limettenabrieb und -saft obenauf geben. Mit Chili und reichlich Meersalz bestreuen und alles gut mischen.

Den restlichen Limettenabrieb und die restliche Limettenschale zu den Bohnen geben, mit etwas Salz und Pfeffer würzen und alles gut umrühren.

Die Bohnen, die gebratenen Maiskörner und die Salsa auf zwei Lunchboxen verteilen.

– Dazu: Geröstete Tortilla-Chips
Ist noch eine Weizen-Tortilla im Vorrat, die sich nicht mehr lange hält, kannst du sie mit der Schere in Dreiecke schneiden. Die Dreiecke auf einem Backblech verteilen, mit etwas Öl beträufeln und im heißen Backofen (der idealerweise noch für etwas anderes vorgeheizt wurde) 8 Minuten rösten, bis sie an den Rändern schön knusprig sind.

Linsen-Paprika-Salat
mit Olivendressing

Es ist immer praktisch, einige Gläser mit Oliven und einige Dosen mit Linsen im Vorrat zu haben, die dann ruckzuck für eine Mittagsmahlzeit genutzt werden können. Gib Paprika und Rucola hinzu, die sich im Kühlschrank recht lange halten, und fertig ist dein Mittagessen! Mit zerkleinerten Oliven und Zitrone wird daraus ein aromareicher Lunch.

Ergibt 1 Portion
Vorbereitung 5 Minuten

1 Handvoll Rucola

⅓ rote Paprikaschote,
    in Stücke geschnitten

50 g gegarte Puy-
    oder Beluga-Linsen

1 Frühlingszwiebel,
    in große Stücke
    geschnitten

abgeriebene Schale
    und Saft von
    1 Bio-Zitrone

25 g Kalamata-Oliven
    (entsteint), abgetropft

1 TL Rapskern- oder
    Olivenöl extra vergine

schwarzer Pfeffer

Den Rucolasalat in die Lunchbox legen. Rote Paprika, Linsen und Frühlingszwiebel darauflegen und mischen. Zitronenabrieb hinzufügen und mit Pfeffer würzen.

Oliven, Zitronensaft und Öl im Mixer zu einem glatten Dressing verarbeiten.

Das Olivendressing vor dem Essen über den Salat träufeln.

– Den Kühlschrank plündern
Ich bereite jede Woche Variationen dieses Salats zu. Als kleine Abwechslung, und je nachdem, was gerade im Kühlschrank ist, passen Radieschen, Zuckererbsen, Kirschtomaten und geraspelte Möhre auch sehr gut hinein. Eventuell noch Weichkäse oder einen zerbröselten Hartkäse hinzugeben.

Proteinreiche Buddha-Bowl mit Tahin-Dressing

Buddha-Bowls bestehen meist aus Getreide, Proteinen und Gemüse (warm oder kalt) und sind ein buntes, ausgewogenes Mittagessen. Sie sind ideal zur Resteverwertung. Quinoa kannst du inzwischen auch im Supermarkt kaufen, vielleicht wird sie ja sogar bei dir in der Nähe angebaut. Sie ist ein vollwertiges Protein, also wirklich ein super Getreide für den Vorratsschrank. Tofu kannst du inzwischen auch frisch kaufen und so Verpackungsmüll reduzieren, denn importierter Tofu wird meist in Plastik verpackt angeboten.

Ergibt 2 Portionen
Vorbereitung 5 Minuten
Garzeit 20 Minuten

1 Süßkartoffel, geschält und gewürfelt

200 g gegarte Platterbsen oder Kichererbsen, abgetropft

100 g fester Räuchertofu, gewürfelt

1 EL Rapskern- oder Olivenöl extra vergine

1 TL geräuchertes Paprikapulver

75 g Quinoa (ein Mix aus roter, weißer und schwarzer Quinoa ist schön)

1 Handvoll Blattspinat

2 Frühlingszwiebeln, klein geschnitten

1 TL schwarzer oder weißer Sesamsamen

1 Limette, halbiert

Meersalz und schwarzer Pfeffer

Für das Tahin-Dressing:
1 EL Tahin (Sesammus)

1 EL Natur- oder Sojajoghurt

Den Backofen auf 200 °C vorheizen.

Süßkartoffel, Platterbsen und Tofu auf einem Backblech verteilen. Öl und Paprikapulver mischen und über die Mischung auf dem Blech träufeln. Gut vermischen. Dann 20 Minuten im vorgeheizten Backofen rösten, bis die Ränder von Gemüse und Tofu schön kross sind. Aus dem Backofen nehmen und abkühlen lassen.

Inzwischen die Quinoa in einem Topf mit köchelndem Wasser 20 Minuten garen. Die gegarte Quinoa abgießen und abkühlen lassen.

Für das Dressing Tahin und Joghurt in einer Schüssel verrühren. Etwas Leitungswasser untermischen und weiterrühren, bis das Dressing eine glatte, gießfähige Konsistenz hat. Mit Salz und Pfeffer würzen.

Blattspinat und Frühlingszwiebeln auf zwei Lunchboxen verteilen. Geröstete Platterbsen, Süßkartoffel- und Tofustücke hinzufügen und die Quinoa darauf anrichten. Mit Sesamsamen bestreuen. Kurz vor dem Essen die Limette darüber auspressen und das Ganze mit dem Dressing beträufeln.

– Platterbsen
Du kannst Platterbsen genauso wie Kichererbsen verwenden, sie haben einen köstlich nussigen Geschmack und sind ideal für Eintöpfe, Currys und Salate. Sie werden in Großbritannien und Nordeuropa seit vielen Jahren angebaut und sind manchmal auch unter dem Namen „Blatterbsen" bekannt.

Salate

Montags-Reste-Lunch

„Dieses „Rezept" ist eher improvisiert und nutzt Reste vom Sonntagsessen. Wenn du meist keine großen Reste hast, dann bereite am Sonntag neben deinem Sonntagsessen einfach etwas mehr für das Mittagessen am Montag zu. Geröstete rote Zwiebeln, Pastinaken und Kartoffeln sind eine tolle Grundlage für einen Salat – du kannst auch Reste von gegarten Möhren, grünen Bohnen und Brokkoli verwenden.

Ergibt 2 Portionen
Vorbereitung 5 Minuten
Garzeit 20–25 Minuten

25 g Quinoa

1 große Handvoll Rucola
oder Brunnenkresse

Reste von gegarten
Möhren, Brokkoli-
röschen, Rosenkohl
oder einem anderen
Gemüse

abgeriebene Schale
und Saft von
½ Bio-Zitrone

1 EL Kürbis-
oder Pinienkerne

Für das Röstgemüse:

1 Süßkartoffel, in kleine
Spalten geschnitten
(nicht geschält)

1 rote Zwiebel, geschält
und in Spalten
geschnitten

1 Pastinake, geschält
und in Spalten
geschnitten

2 Knoblauchzehen

1 Handvoll Kirsch-
oder Rispentomaten

2 EL Rapskern- oder
Olivenöl extra vergine

Meersalz und
schwarzer Pfeffer

Den Backofen auf 200 °C vorheizen (falls er noch nicht für etwas anderes heiß ist).

Süßkartoffel, Zwiebel, Pastinake, Knoblauch und Tomaten auf einem großen Backblech verteilen. Mit Öl beträufeln, kräftig mit Salz und Pfeffer würzen und das Gemüse 20 Minuten im vorgeheizten Backofen rösten. Herausnehmen und abkühlen lassen. Die Süßkartoffelspalten brauchen je nach Größe vielleicht 5 Minuten länger. Den Knoblauch aus der Haut drücken und klein schneiden.

Inzwischen die Quinoa in einem Topf mit köchelndem Wasser 20 Minuten garen. Anschließend abtropfen und abkühlen lassen.

Zum Zusammenstellen des Salats Rucola oder Brunnenkresse in die Lunchbox legen. Röstgemüse, Quinoa, Knoblauch und Reste vom gegarten Gemüse, Zitronenabrieb und Zitronenschale darauf anrichten. Mit Kürbis- oder Pinienkernen bestreuen und alles vorsichtig mischen.

– Röstgemüse bunt mischen

Viele Gemüsesorten lassen sich hervorragend rösten und sind großartige Grundlagen für Salate. Hier noch einige Alternativen: Radieschen, Rote Bete, Paprika, Rosenkohl und Butternusskürbis.

Salate

Sesam-Halloumi mit Quinoa und Granatapfel

Wenn es bei dir in der Nähe einen orientalischen Laden gibt, dann kannst du dort frische Kräuter und Granatäpfel kaufen, die nicht in Plastik verpackt sind. Nimm einen wirklich reifen Granatapfel und du kannst Saft und Kerne über deinem Mittagessen auspressen; dafür brauchst du keine abgepackten Granatapfelkerne zu kaufen. Der Lunch schmeckt warm und kalt sehr gut. Du kannst ihn mit zur Arbeit nehmen oder zu Hause essen.

Ergibt 2 Portionen
Vorbereitung 5 Minuten
Garzeit 20 Minuten

50 g Quinoa, abgespült

225 g Halloumi oder veganer Käse nach Halloumi-Art, in Scheiben geschnitten

2 TL flüssiger Honig oder Granatapfelmelasse

1 TL schwarze Sesamsamen

1 Handvoll frische Petersilie, gehackt

1 Handvoll frische Minze, gehackt

ca. 10 Kalamata-Oliven oder grüne Oliven (entsteint), halbiert

1 reifer Granatapfel

schwarzer Pfeffer

Den Backofen auf 200 °C vorheizen (falls er noch nicht für etwas anderes heiß ist).

Die Quinoa in einem Topf mit köchelndem Wasser 20 Minuten garen. Anschließend abtropfen und abkühlen lassen.

Inzwischen den Halloumi auf einem mit Backpapier ausgelegten Backblech verteilen. Honig oder Granatapfelmelasse darüber geben und alles mit Sesamsamen bestreuen. Im vorgeheizten Backofen 10 Minuten leicht braun braten.

Die gegarte Quinoa in die Lunchboxen geben. Petersilie, Minze und Oliven hinzufügen und mit schwarzem Pfeffer würzen. Alles vermischen.

Mit dem gebratenen Halloumi belegen. Den Granatapfel halbieren, den Saft und die Kerne über dem Salat herausdrücken.

Salate

Blumenkohl-Platterbsen-Salat mit Weintrauben

Weintrauben schmecken geröstet umwerfend gut, und auch wenn sie nicht mehr taufrisch sind, kannst du sie noch gut verwerten. Wenn du Blumenkohl, Platterbsen und Weintrauben bereits am Vorabend röstest, kannst du diesen Salat vor der Arbeit im Handumdrehen anrichten.

Ergibt 2 Portionen
Vorbereitung 5 Minuten
Garzeit 20 Minuten

1 kleiner Blumenkohl,
    in kleine Röschen geteilt

1 Dose gegarte Platterbsen
    oder Kichererbsen
    (400 g), abgespült
    und abgetropft

2 EL Rapskern- oder
    Olivenöl extra vergine

2 Handvoll dunkle
    oder violette kernlose
    Weintrauben

1 EL Rotweinessig

1 Handvoll Brunnenkresse
    oder Rucola

100 g bröckliger weißer
    Käse (oder veganer
    bröckeliger Käse)

Meersalz und
    schwarzer Pfeffer

Den Backofen auf 200 °C vorheizen (falls er noch nicht für etwas anderes heiß ist).

Blumenkohl und Platterbsen oder Kichererbsen auf einem Backblech verteilen und mit 1 EL Öl beträufeln. Alles gründlich mischen und die Weintrauben hinzugeben. Im vorgeheizten Backofen 20 Minuten rösten. Herausnehmen und abkühlen lassen.

Für das Dressing das restliche Öl mit dem Rotweinessig verrühren. Mit Salz und Pfeffer kräftig würzen.

Brunnenkresse oder Rucola in die Lunchboxen legen. Die gerösteten Zutaten hinzufügen und den Käse darüber zerkrümeln. Kurz vor dem Essen mit dem Dressing beträufeln.

Salate

Krautsalate und Gemüsebänder

Fertig gekaufter Krautsalat wird meist in Plastikbechern angeboten. Deshalb hier eine einfache Methode, damit du ihn selbst zubereiten kannst. Krautsalat ist eine prima Füllung für Bagels, Sauerteigbrote und Wraps oder du isst ihn zum Chili, Curry oder Eintopf. Du kannst dafür auch Gemüse verwenden, das nicht mehr ganz knackig ist. Jeder fertige Krautsalat hält sich 1–2 Tage im Kühlschrank.

Ergibt 2–4 Beilagen
Vorbereitung 5 Minuten

½ kleiner Weiß- oder
    Rotkohl, fein gehobelt
1 rohe Knolle Rote Bete
    (nicht geschält),
    geraspelt
1 Möhre, geschält
    und geraspelt
3 Radieschen, in feine
    Streifen geschnitten
1 EL Apfelessig
1 EL Rapskern- oder
    Olivenöl extra vergine
2 EL Kürbis- oder
    Erdnusskerne
Meersalz und
    schwarzer Pfeffer

ROTER SOMMER-KRAUTSALAT MIT RADIESCHEN

Kohl, Rote Bete, Möhre und Radieschen in einer Schüssel mischen.

Essig und Öl in einer Schüssel verquirlen und mit Salz und Pfeffer kräftig würzen. Das Dressing über den Krautsalat gießen und alles gründlich vermengen. Mit Kürbiskernen oder Erdnüssen bestreuen.

Ergibt 4 Beilagen
Vorbereitung 10 Minuten

½ kleiner Rotkohl,
    fein gehobelt
½ rote Zwiebel, geschält
    und fein geschnitten
1 Möhre, geschält
    und geraspelt
2 EL cremiger Naturjoghurt,
    griechischer Joghurt
    oder Sojajoghurt
1 TL grober Senf
1 EL Apfelessig
Meersalz und
    schwarzer Pfeffer

REGENBOGEN-KRAUTSALAT

Kohl, Zwiebel und Möhre in einer Schüssel mischen.

Joghurt, Senf und Essig in einer Schüssel verrühren und mit Salz und Pfeffer kräftig würzen. Das Dressing über den Krautsalat gießen und alles gründlich vermengen.

Salate

Ergibt 2 Beilagen
Vorbereitung 5 Minuten

1 grüne oder gelbe Zucchini

1 Möhre, geschält

1 Tafelapfel

abgeriebene Schale und
    Saft von ½ Bio-Limette

1 EL Rapskern- oder
    Olivenöl extra vergine

Meersalz und
    schwarzer Pfeffer

ZUCCHINI-MÖHREN-APFEL-SALAT MIT LIMETTE

Die Zucchini und die Möhre mit dem Spiralschneider in Bänder schneiden oder mit dem Gemüsehobel hobeln. Den Apfel reiben und mit den Gemüsebändern in eine Schüssel geben.

Limettenabrieb und -saft mit dem Öl verrühren und mit Salz und Pfeffer kräftig würzen. In die Schüssel geben und alles gründlich mischen.

– Krautsalat-Variationen
Knollensellerie, Erbsen, grüne Bohnen, Zuckererbsen, Maiskörner, Trockenfrüchte, frische Kräuter, Saaten und Kerne, Nüsse … verwende das, was du magst!

Einfache Salat-Dressings

Von nun an brauchst du keine fertigen Dressings mehr zu kaufen! Es ist so einfach, das eigene Dressing anzurühren. Auch die Plastikberge für den Lunch werden überflüssig. Wahrscheinlich hast du alles, was du für ein Dressing brauchst, sowieso im Vorratsschrank, im Kühlschrank oder in der Obstschale. Hier eine Liste der Zutaten, mit denen du nach Lust und Laune experimentieren kannst, wenn du diese einfache Methode anwendest:

Öl (2–3 TL) + Säure (1 TL) + Extra (nach Belieben) = Dressing

<u>ÖL</u> +	<u>SÄURE</u> +	<u>EXTRAS</u>
— Rapskernöl	— Apfelessig	— Senf
— Olivenöl extra vergine	— Balsamicoessig	— Honig
— Sesamöl	— Rot- oder Weißweinessig	— Meersalz
— Walnussöl	— Zitronensaft	— schwarzer Pfeffer
	— Limettensaft	— Getrocknete Kräuter
	— Orangensaft	— Frische Kräuter
	— Granatapfelsaft	— Frischer Ingwer
		— Harissa-Paste
		— Pesto
		— Tamari
		— Sojasauce
		— Tahin

Für 1 Person

1 EL Apfelessig
2 EL Rapskernöl
Meersalz und
    schwarzer Pfeffer

FLEXI-VINAIGRETTE

Ein Grunddressing für jeden Tag, das sich für jeden Salat eignet. Du kannst die Menge verdoppeln, ein anderes Öl und eine andere Säure nehmen und einige Extras hinzufügen – experimentiere nach Belieben!

Alle Zutaten in einer kleinen Schüssel mit einer Gabel verquirlen.

1 EL griechischer Joghurt
    oder Sojajoghurt
½ TL Harissa-Paste

HARISSA-JOGHURT-DRESSING

Das Dressing passt gut zu einem Salat aus geröstetem Gemüse.

Joghurt und Harissa-Paste in einer kleinen Schüssel verrühren. Eventuell noch etwas Wasser hinzufügen, falls das Dressing flüssiger werden soll.

2 EL Rapskernöl

abgeriebene Schale
    und Saft von
    ½ Bio-Limette

1 Stück Ingwer (4 cm),
    geschält und gerieben

einige Stiele frische Minze,
    fein gehackt

Meersalz und
    schwarzer Pfeffer

LIMETTEN-INGWER-DRESSING MIT MINZE

Zitrusfrisch und köstlich, passt dieses Dressing zu vielen grünen Blattsalaten und Krautsalaten. Ersetze die Limette auch mal durch Satsuma oder Zitrone.

Alle Zutaten in einer kleinen Schüssel mit der Gabel verquirlen.

– Dressing für unterwegs
Wenn du das Dressing mit zur Arbeit nimmst, fülle es in ein kleines Schraubglas. Gieße es erst kurz vor dem Servieren über den Salat. So bleibt dieser schön knackig.

Salate

Warmes

Linsen-Bohnen-Eintopf mit Tomaten und Harissa-Paste

Linsen und Bohnen solltest du immer im Vorratsschrank haben. Aus ihnen kannst du im Nu einen wärmenden Eintopf zubereiten. Zu diesem Eintopf schmecken Krautsalat und/oder Fladenbrot oder du isst ihn ohne Beilagen. Mit der Harissa-Paste kommt ganz viel Geschmack hinein – sie wird aus Chilis und Gewürzen gemacht. Ein kleines Glas davon hat einen Platz in der Küche mehr als verdient!

Ergibt 3 Portionen
Vorbereitung 5 Minuten
Garzeit 25 Minuten

1 EL Rapskern- oder Olivenöl extra vergine

1 kleine Zwiebel, geschält und klein geschnitten

1 Möhre, geschält und klein geschnitten

1 Knoblauchzehe, geschält und klein geschnitten

1 Dose gegarte Puy- oder Beluga-Linsen (400 g), abgetropft

1 Dose stückige Tomaten (400 g)

1 Dose gegarte weiße Bohnen (400 g), abgetropft und abgespült

1 EL Harissa-Paste

Meersalz und schwarzer Pfeffer

Limettenspalten zum Garnieren

Das Öl in einem großen Topf leicht erhitzen und Zwiebel, Möhre und Knoblauch 10 Minuten darin andünsten, bis die Zwiebel weich ist.

Linsen, Tomaten und Bohnen unterrühren. Noch 3 EL Wasser hinzufügen und alles bei schwacher Hitze ohne Deckel 15 Minuten köcheln lassen, bis die Flüssigkeit eingekocht ist.

Die Harissa-Paste einrühren, den Eintopf noch 1 Minute köcheln lassen und dann mit Salz und Pfeffer würzen. Kurz vor dem Essen mit der Limettenspalte garnieren. Extra-Portionen können eingefroren werden.

Kichererbsen-Tomaten-Eintopf mit Aprikosen und Mandeln

W V R

Wenn du in deiner Nähe einen Unverpacktladen hast, kannst du die meisten Zutaten für dieses Rezept dort kaufen – Gewürze, Trockenfrüchte und gemahlene Mandeln werden lose verkauft, sodass du nur das kaufen musst, was du wirklich benötigst. Nimm zum Abfüllen Schraubgläser in verschiedenen Größen mit. Iss den Eintopf mit Naan, Reis oder einem Krautsalat (Seite 40–41).

Ergibt 4 Portionen
Vorbereitung 5 Minuten
Garzeit 15 Minuten

1 EL Rapskernöl

1 Zwiebel, geschält
und klein geschnitten

1 Knoblauchzehe, geschält
und klein geschnitten

1 Stück Ingwer (1 cm),
geschält und
fein gehackt

2 TL Kreuzkümmelsamen

1 TL gemahlene Kurkuma

½ TL Chiliflocken

1 EL Garam Masala
(indische
Gewürzmischung)

1 Dose Kichererbsen
(400 g), abgetropft
und abgespült

1 Dose stückige Tomaten
(400 g)

6 getrocknete oder frische
Aprikosen, klein gehackt

2 EL gemahlene Mandeln

Das Öl in einem mittelgroßen Topf leicht erhitzen und Zwiebel, Knoblauch, Ingwer und Kreuzkümmelsamen 10 Minuten darin andünsten, bis die Zwiebel weich ist.

Kurkuma, Chiliflocken und Garam Masala untermischen und dann Kichererbsen, stückige Tomaten, Aprikosen und gemahlene Mandeln hinzufügen. Alles umrühren und bei schwacher Hitze ohne Deckel 5 Minuten köcheln lassen, bis die Sauce ein wenig eingedickt ist.

– So wird nichts verschwendet
Du kannst in diesem Curry alle möglichen Gemüsereste verwerten, z.B. grüne Bohnen, Blattspinat oder Mangold.

Linsen-Mandel-Dhal mit Kokos und knackigem Blumenkohl

Dieses cremige, milde Dhal steckt voller Proteine aus Linsen, Mandeln und Joghurt. Das sollte für ausreichend Energie an einem hektischen Nachmittag reichen. Wenn du erst einmal alles klein geschnitten hast, bleibt nicht mehr viel zu tun. Verdopple das Rezept, dann hast du etwas mehr für weitere Mahlzeiten. Iss dazu Naan-Brot oder Krautsalat (Seite 40–41).

Ergibt 2 Portionen
Vorbereitung 5 Minuten
Garzeit 35 Minuten

1 EL Rapskernöl zum Braten und Rösten

1 kleine Zwiebel, geschält und klein geschnitten

1 Knoblauchzehe, geschält und klein geschnitten

1 Stück Ingwer (1 cm), geschält und gerieben

1 frische rote Chilischote, entkernt und gehackt

1 Dose schwarze Beluga-Linsen (400 g), abgetropft und abgespült

3 TL Garam Masala (indische Gewürzmischung)

1 Dose stückige oder passierte Tomaten (200 g)

1 EL gemahlene Mandeln

1 kleiner Blumenkohl, in kleine Röschen zerteilt

2 EL Kokosjoghurt

Meersalz

Wenig Öl in einem großen Topf leicht erhitzen und die Zwiebel 10 Minuten darin weich dünsten. Knoblauch, Ingwer und Chili hinzufügen und 5 Minuten schmoren.

Den Backofen auf 200 °C vorheizen (falls er noch nicht für etwas anderes heiß ist).

Linsen, 2 TL Garam Masala, Tomaten und Mandeln in den Topf geben, 100 ml Wasser hinzugießen und alles gut umrühren. Den Deckel auflegen und den Inhalt des Topfes fast zum Kochen bringen. Dann 20 Minuten köcheln lassen.

Inzwischen die Blumenkohlröschen (und kleine Blätter) auf einem großen Backblech verteilen, mit etwas Öl beträufeln und mit dem restlichen Garam Masala bestreuen. Im vorgeheizten Backofen 15 Minuten rösten, bis die Röschen an den Rändern leicht verkohlen.

Das Dhal vom Herd nehmen und den Kokosjoghurt unterrühren. Mit Salz würzen.

Wird es mit zur Arbeit genommen, dann das Dhal in einen Thermosbehälter füllen und den Blumenkohl in einem separaten Behälter mitnehmen. Das Dhal nach Belieben erwärmen und den Blumenkohl auflegen.

– Resteverwertung

Es ist äußerst praktisch, gerösteten Blumenkohl im Kühlschrank zu haben: Du kannst ihn in der Woche zu allen möglichen Salaten dazugeben. Werden die Röschen geröstet, dann auch die kleinen Blätter mitrösten. Sie schmecken ebenfalls gut.

Warmes

Bohnen-Mais-Chili mit Limetten-Koriander-Dressing

Wenn du dein Chili sonst mit Kidneybohnen zubereitest, warum versuchst du es nicht mal mit Bohnen, die näher der Heimat wachsen? Auch rote Bohnen sind großartig im Chili. Dies ist ein sehr schnelles Chili, das du auch bis zu 3 Tage im Kühlschrank aufbewahren kannst (bercite das Dressing erst zu, wenn du es verwendest). Zum Chili passen Maisbrot, Fladenbrot oder geröstete Tortilla-Chips (Seite 28).

Ergibt 3 Portionen
Vorbereitung 5 Minuten
Garzeit 20 Minuten

2 EL Rapskernöl

1 rote Zwiebel, geschält und klein geschnitten

1 Knoblauchzehe, geschält und klein geschnitten

1 rote oder orange Paprikaschote, entkernt und klein geschnitten

1 TL scharfes Chilipulver oder Chiliflocken,

1 TL gemahlener Kreuzkümmel

100 g Maiskörner (frisch, TK oder aus der Dose, abgetropft)

1 Dose rote Bohnen oder Kidneybohnen (400 g), abgetropft und abgespült

1 Dose stückige Tomaten (400 g)

1 Möhre, geschält und klein geschnitten

Meersalz und schwarzer Pfeffer

Für das Dressing:

abgeriebene Schale und Saft von 1 Bio-Limette

1 Handvoll frisches Koriandergrün, gehackt (oder 2 EL TK-Koriandergrün, gehackt)

Das Öl in einem großen Topf leicht erhitzen und Zwiebel, Knoblauch und Paprika 10 Minuten darin andünsten, bis die Zwiebel weich ist.

Chilipulver oder -flocken und Kreuzkümmel unter die Zwiebelmischung rühren.

Mais, rote Bohnen, Tomaten und Möhre unterrühren. Fast zum Kochen bringen und dann ohne Deckel 10 Minuten köcheln lassen, bis die Flüssigkeit eingekocht und das Chili dicksämig ist. Mit Salz und Pfeffer und nach Belieben mit extra Chili würzen.

Für das Dressing Limettenabrieb und -saft sowie Koriander im Mixer fein verarbeiten. Kurz vor dem Essen über das Chili träufeln.

– Resteverwertung
Wenn du noch Reste des frischen Korianders hast, kannst du diese einfrieren und beim nächsten Mal zum Aromatisieren von Currys und Chilis verwenden. Der Koriander verliert zwar seine Struktur, ist aber zum Kochen und Beträufeln noch prima.

Warmes

Auberginen-Caponata mit Kapern, Oliven und Pinienkernen

Es kann Stunden dauern, eine traditionelle sizilianische Caponata zuzubereiten, aber diese Variation ist schnell fertig und, dank Kapern und Oliven, randvoll mit Geschmack. Ich streiche sie gern auf warmen Sauerteigtoast oder serviere sie mit Focaccia. Sie hält sich bis zu 3 Tage im Kühlschrank.

Ergibt 2–3 Portionen
Vorbereitung 5 Minuten
Garzeit 30 Minuten

2 EL Rapskernöl

1 kleine Aubergine
   (ca. 225 g), in Stücke
   geschnitten

1 kleine rote Zwiebel,
   geschält und klein
   geschnitten

1 Knoblauchzehe, geschält
   und klein geschnitten

1 Dose stückige Tomaten
   (400 g)

2 TL Kapern, abgetropft

50 g Kalamata-Oliven oder
   grüne Oliven (entsteint)

1 TL Rotweinessig
   (nach Belieben)

2 TL Pinienkerne

Meersalz und
   schwarzer Pfeffer

Das Öl in einem großen Topf leicht erhitzen und Aubergine, Zwiebel und Knoblauch 10 Minuten darin andünsten, bis die Zwiebel weich ist.

Tomaten, Kapern und Oliven hinzufügen. Fast zum Kochen bringen und dann ohne Deckel 20 Minuten köcheln lassen, bis die Flüssigkeit eingekocht ist.

Den Rotweinessig, falls verwendet, unterrühren. Die Caponata mit Salz und Pfeffer würzen und mit Pinienkernen bestreuen.

Warmes

Winterliches Ofengemüse
mit Tahin-Joghurt-Dressing

Am Wochenende im Ofen geröstetes Gemüse ist eine gute Grundlage, mit der du in der Woche verschiedene Mittagsmahlzeiten zubereiten kannst. Du kannst den Lunch immer wieder variieren, indem du frisches Blattgemüse, Walnüsse, Kichererbsen, Butterbohnen/Limabohnen und Ähnliches hinzufügst … ganz nach Lust und Laune. Rüben, Knollensellerie und Kartoffeln passen ebenfalls; verwende sie einfach statt Kürbis oder Pastinaken. Das Gemüse schmeckt warm oder kalt.

Ergibt 3–4 Portionen
Vorbereitung 10 Minuten
Garzeit 30 Minuten

2 rote Zwiebeln, geschält und in Spalten geschnitten

1 Butternusskürbis, entkernt und in Stücke geschnitten (geschält oder ungeschält)

2 Möhren, geschält und in Stücke geschnitten

2 Pastinaken, geschält und in Stücke geschnitten

2 EL Rapskern- oder Olivenöl extra vergine

1 EL geräuchertes Paprikapulver

1 EL Pinienkerne (nach Belieben)

Für das Tahin-Joghurt-Dressing:

1 EL Tahin (Sesammus)

2 EL dickcremiger Naturjoghurt

Saft von ½ Zitrone

Meersalz und schwarzer Pfeffer

Den Backofen auf 220 °C vorheizen (falls er noch nicht für etwas anderes heiß ist).

Zwiebeln, Kürbis, Möhren und Pastinaken auf einem großen Backblech nebeneinander verteilen. Das Öl mit Paprikapulver verrühren und das Gemüse damit beträufeln. Alles gut mischen, damit das Gemüse vom Öl überzogen ist. Im vorgeheizten Backofen 30 Minuten rösten, dabei nach der Hälfte der Zeit das Gemüse einmal umrühren.

Inzwischen Tahin, Joghurt und Zitronensaft in einer Schüssel verrühren. Etwas Wasser unterrühren, bis das Dressing eine glatte, gießfähige Konsistenz hat. Mit Salz und Pfeffer würzen.

Kurz vor dem Essen das Tahin-Joghurt-Dressing über das Gemüse gießen und Pinienkerne darüberstreuen, falls verwendet.

– Kürbiskerne

Nach Belieben die Kürbiskerne zusammen mit dem Gemüse rösten und dann zum Schluss statt der Pinienkerne über das Gemüse streuen. Nicht alle Kürbiskerne lassen sich gut rösten; das hängt auch von der Sorte ab. Aber warum solltest du es nicht versuchen, bevor du sie wegwirfst? Einfach mit etwas Öl beträufeln und 20 Minuten zum Gemüse in den Ofen legen.

Warmes

Sommerliches Ofengemüse mit Zitrone und Kürbiskernen

Wenn du dich im Sommer vor einem Überangebot an Zucchini oder einem anderen Sommergemüse nicht retten kannst, dann verarbeite sie in diesem einfachen Ofengericht. Für die restliche Woche kannst du Zucchini mit anderem Gemüse kombinieren. Sommerkürbisse, Möhren, Radieschen, Rote Bete und Mais lassen sich gut rösten, sodass du wunderbar Gemüsereste verwenden kannst! Reste von Bohnen, Reis oder Couscous passen ebenfalls gut. Du kannst das Gemüse zu einem Stück Ciabatta essen.

Ergibt 3 Portionen
Vorbereitung 10 Minuten
Garzeit 25 Minuten

2 rote Zwiebeln, geschält und in kleine Spalten geschnitten

2 Zucchini, in grobe Scheiben geschnitten

1 rote Paprikaschote, entkernt und in Stücke geschnitten

200 g Kirsch- oder andere kleine Tomaten

100 g grüne Bohnen, halbiert

1 EL Rapskern- oder Olivenöl extra vergine

1 Knoblauchzehe, geschält und grob gehackt

1 EL geräuchertes Paprikapulver

1 EL Pinienkerne (nach Belieben)

Zum Garnieren:
3 Handvoll Rucola
1 EL Kürbiskerne
abgeriebene Schale und Saft von 1 Bio-Zitrone

Den Backofen auf 220 °C vorheizen (falls er noch nicht für etwas anderes heiß ist).

Zwiebeln, Zucchini, Paprika, Tomaten und grüne Bohnen auf einem großen Backblech nebeneinander verteilen (eventuell zwei Bleche verwenden). Mit dem Öl beträufeln, den Knoblauch hinzufügen und dann alles gut mischen, damit das Gemüse vom Öl überzogen ist. Im vorgeheizten Backofen 25 Minuten rösten, dabei nach der Hälfte der Zeit das Gemüse einmal umrühren.

Das Gemüse pro Portion mit einer Handvoll Rucola mischen. Mit einigen Kürbiskernen bestreuen und Zitronenabrieb und -saft darübergeben. Reste von gegarten Hülsenfrüchten und gegartem Getreide nach Belieben hinzufügen. Warm oder kalt essen.

Jackfrucht-Curry mit grünen Bohnen

Inzwischen ist es kein Problem mehr, Jackfrüchte in der Dose zu finden. Wenn du also keine Lust mehr auf die bekannten warmen Mittagsmahlzeiten hast, dann bereite von diesem Curry mehrere Portionen zu, friere alles, was du nicht direkt isst, ein und schon ist der Lunch für einen anderen Tag geregelt. Iss dazu Reis oder Naanbrot. Krautsalat passt ebenfalls gut dazu (Seite 40–41).

Ergibt 4 Portionen
Vorbereitung 5 Minuten
Garzeit 40 Minuten

**2 EL Rapskern- oder
   Olivenöl extra vergine**
**1 rote Zwiebel, geschält
   und klein geschnitten**
**2 Knoblauchzehen, geschält
   und klein geschnitten**
**1 Stück Ingwer (2 cm),
   geschält und gerieben**
½ TL Senfsamen
**1 EL Garam Masala (indische
   Gewürzmischung)**
**½ TL Chilipulver
   oder Chiliflocken**
1 EL Tomatenmark
**1 Dose grüne/junge
   Jackfrucht (565 g),
   abgetropft und abgespült**
120 ml Kokosmilch
100 g grüne Bohnen, halbiert
schwarzer Pfeffer
**Limettenspalten
   zum Garnieren**

Das Öl in einem großen Topf leicht erhitzen und Zwiebel, Knoblauch und Ingwer 10 Minuten darin andünsten, bis die Zwiebel weich ist. Dann Senfsamen, Garam Masala, Chilipulver oder Chiliflocken und Tomatenmark hinzufügen. Alles verrühren und 1 Minute kochen. Jackfrucht, Kokosmilch und 150 ml Wasser einrühren. Aufkochen, die Hitze reduzieren und das Ganze bei geschlossenem Deckel 15 Minuten köcheln lassen.

Den Deckel abnehmen und die Jackfrucht mit zwei Gabeln zerpflücken. Die grünen Bohnen hinzugeben und das Curry ohne Deckel noch 10 Minuten köcheln lassen.

Nach Belieben mit schwarzem Pfeffer würzen (Jackfrucht in Lake kann salzig sein, deshalb kommt das Curry ohne Salz aus). Vor dem Essen reichlich frische Limette über dem Curry auspressen.

– Resteverwertung
Du kannst zusätzlich gehackten Blattspinat oder Mangold zum Curry geben, wenn die Bohnen hineinkommen.

Suppen

Tomaten-Paprika-Suppe mit Butterbohnen

In vielen Fertigsuppen steckt keinerlei Protein, deshalb kannst du dich nach kurzer Zeit schon wieder hungrig fühlen. Butterbohnen sind randvoll mit Protein und sorgen dafür, dass die Suppe schön cremig wird. Wenn du noch Brotreste hast, kannst du daraus Croûtons machen und über die Suppe streuen (Seite 88). Rühre auch noch etwas Cashewmus ein, wenn du magst (Seite 86).

Ergibt 3–4 Portionen
Vorbereitung 10 Minuten
Garzeit 25 Minuten

1 EL Rapskern- oder Olivenöl extra vergine

1 Zwiebel, geschält und gehackt

1 rote Paprikaschote, entkernt und klein geschnitten

1 Möhre, geschält und klein geschnitten

1 Knoblauchzehe, geschält und gehackt

1 Dose stückige Tomaten (400 g)

1 Dose Butterbohnen/ Limabohnen (400 g), abgetropft und abgespült

Meersalz und schwarzer Pfeffer

Das Öl in einem großen Topf leicht erhitzen, Zwiebel, rote Paprika, Möhre und Knoblauch hinzufügen und bei geschlossenem Deckel 10 Minuten darin weich dünsten.

Tomaten und Butterbohnen unterrühren. Die Tomatendose mit Wasser füllen, das Wasser in die Suppe gießen und alles umrühren. Aufkochen, die Hitze reduzieren und die Suppe 15 Minuten garen. Mit Salz und Pfeffer würzen.

Die Suppe pürieren oder stückig servieren – ganz nach Belieben! Falls die Suppe zu dicksämig sein sollte, einfach noch etwas Wasser einrühren. Ein wahrlicher Wohlgeschmack!

– Eine Alternative

Frische Rote Bete in die Suppe reiben, wenn die Tomaten zugegeben werden. Eine echte Farbvariation.

Suppen

Blumenkohl-Cashew-Suppe mit knusprigen Platterbsen

Aus dem Blumenkohl wird eine wohltuende, cremige Suppe. Besonders umweltfreundlich ist es, wenn Blumenkohl, Zwiebeln und Platterbsen geröstet werden und der Ofen für etwas anderes schon heiß ist. Das Gemüse kommt anschließend in den Kühlschrank. So kannst du die Suppe schnell zubereiten, wenn du sie brauchst. Du kannst Cashewnüsse und manchmal auch Cashew-Bruch im Unverpacktladen kaufen (der Bruch ist billiger und muss nicht mehr gehackt werden).

Ergibt 2 Portionen
Vorbereitung 5 Minuten
Garzeit 30 Minuten

1 kleiner Blumenkohl, in Röschen geteilt

1 Zwiebel, geschält und in kleine Spalten geschnitten

100 g gegarte Platterbsen oder Kichererbsen, abgespült und abgetropft

2 EL Rapskern- oder Olivenöl extra vergine

50 g Cashewnüsse

500 ml Gemüsebrühe oder Wasser

Meersalz und schwarzer Pfeffer

1 TL Chiliflocken zum Garnieren

Den Backofen auf 200 °C vorheizen.

Blumenkohl und Zwiebel auf einer Hälfte eines großen Backblechs verteilen und die Platterbsen auf der anderen. Mit dem Öl beträufeln und im vorgeheizten Backofen 20 Minuten rösten.

In der Zwischenzeit die Cashewnüsse möglichst fein hacken.

Das Backblech aus dem Backofen nehmen. Blumenkohl und Zwiebel in einen Topf geben, dabei einige kleine Blumenkohlröschen und die Platterbsen auf dem Blech liegen lassen.

Gemüsebrühe oder Wasser in den Topf gießen, alles aufkochen, die Hitze reduzieren und die Suppe 10 Minuten köcheln lassen, bis der Blumenkohl weich ist.

Cashewnüsse untermischen und die Mischung glatt pürieren. Nach Belieben mit Salz und Pfeffer würzen (das hängt ein wenig von der Würze der Gemüsebrühe ab).

Die Suppe in Suppenschüsseln oder eine Thermoskanne füllen. Mit den zusätzlichen Blumenkohlröschen, den knusprigen Platterbsen und einigen Chiliflocken bestreuen. Wird die Suppe mit zur Arbeit genommen, das Topping in einem Schraubglas mitnehmen und nach dem Aufwärmen zur Suppe geben.

– Blumenkohl-„Käse"-Suppe
Für einen Blumenkohl-Käse-Geschmack 1 EL Nährhefe mit den Cashewnüssen vermengen. Dann eventuell die Chiliflocken weglassen.

Suppen

Erbsen-Spinat-Suppe mit Chili

Wenn du gern größere Beutel mit Erbsen im Tiefkühler hast, dann ist ein einfacher und schneller Lunch nur wenige Schritte entfernt! Tiefkühlerbsen stecken voller Nährstoffe, einschließlich Vitamin C, Protein und Folsäure, und obgleich sie in Plastik verpackt sind, sind sie eine recht günstige Lösung für viele Leute, zumal auch nicht viele Lebensmittelreste anfallen. Ein Hauch von Chili und ein Spritzer Zitronensaft kurz vor dem Servieren sorgen für einen köstlichen Geschmacksschub. Besonders lecker mit etwas Cashewmus (Seite 86) oder Pesto.

Ergibt 2 Portionen
Vorbereitung 5 Minuten
Garzeit 20 Minuten

2 EL Rapskern- oder Olivenöl extra vergine

1 kleine Zwiebel, geschält und gehackt

1 Knoblauchzehe, geschält und gehackt

1 TL Chiliflocken, plus mehr zum Bestreuen

250 g Erbsen (TK)

100 g Spinat (frisch oder TK), gehackt

350 ml Gemüsebrühe oder Wasser

Meersalz und schwarzer Pfeffer

Zitronenspalte zum Garnieren

Das Öl in einem großen Topf leicht erhitzen, Zwiebel und Knoblauch 10 Minuten darin anschwitzen, bis die Zwiebel weich ist.

Die Chiliflocken unterrühren und 1 Minute weiterdünsten.

Erbsen, Spinat und Brühe oder Wasser hinzufügen. Aufkochen und dann bei schwacher Hitze 5 Minuten köcheln lassen. Den Topf vom Herd nehmen und die Suppe glatt pürieren. Mit Salz und Pfeffer nach Belieben würzen.

Vor dem Servieren etwas Zitrone darüber auspressen und die Suppe zusätzlich mit Chiliflocken bestreuen.

Suppen

Scharfe Schwarze-Bohnen-Suppe mit dunkler Schokolade

Ja, dieses Gericht enthält tatsächlich Schokolade! Sie gibt der Suppe eine schöne Fülle und passt gut zum geräucherten Paprikapulver. Die Suppe ist äußerst herzhaft, und die schwarzen Bohnen sorgen für jede Menge Protein, doch Geröstete Tortilla-Chips (Seite 28) sind ebenfalls empfehlenswert.

Ergibt 3 Portionen
Vorbereitung 5 Minuten
Garzeit 25 Minuten

1 EL Rapskern- oder Olivenöl extra vergine

1 rote Zwiebel, geschält und gehackt

1 Knoblauchzehe, geschält und gehackt

1 Stange Staudensellerie, fein gehackt

1 rote Paprikaschote, entkernt und in feine Streifen geschnitten

1 TL geräuchertes Paprikapulver

1 Dose schwarze Bohnen (400 g), abgetropft und abgespült

1 Dose passierte Tomaten (300 g) oder 1 Dose stückige Tomaten (400 g), püriert

25 g dunkle Schokolade (mind. 70 % Kakaoanteil)

1 TL Chiliflocken, plus mehr zum Bestreuen

250 g Erbsen (TK)

Meersalz und schwarzer Pfeffer

Limettenspalten zum Garnieren

Das Öl in einem großen Topf leicht erhitzen und Zwiebel, Knoblauch, Sellerie und Paprika 10 Minuten darin anschwitzen, bis die Zwiebel weich ist.

Paprikapulver, Bohnen, passierte Tomaten und 250 ml Wasser hinzufügen. Aufkochen und bei schwacher Hitze 15 Minuten köcheln lassen. Die Schokolade einrühren, bis sie geschmolzen ist, den Topf dann vom Herd nehmen und die Suppe mit Salz und Pfeffer nach Belieben würzen.

Mit Limettenspalten garnieren, die über der Suppe ausgepresst werden können.

– Schwarze Bohnen

Schwarze Bohnen solltest du immer im Vorrat haben. Sie sind tolle Protein- und Eisenlieferanten und großartig in Chilis, Eintöpfen, Pfannengerichten und Wraps. Du kannst sie im Mixer pürieren, als leckeren Aufstrich für belegte Brote verwenden oder zum Backen nutzen – Schwarze-Bohnen-Brownies sind fantastisch! Wenn du sie zum Lunch essen möchtest: Die getrockneten Bohnen über Nacht einweichen, dann am nächsten Tag in frischem Wasser auf dem Herd 1 Stunde garen (einmal gegart, kannst du sie auch einfrieren). Achtung: 120 g getrocknete schwarze Bohnen ergeben 240 g gegarte Bohnen, die du für dieses Rezept benötigst.

Pastinaken-Apfel-Suppe

Im Herbst gibt es Pastinaken und Äpfel in Hülle und Fülle. Pastinaken harmonieren sehr gut mit aromatischen Gewürzen. Ich habe immer Garam Masala im Vorrat, damit kannst du Gerichten viel Geschmack geben. Ich bestreue die Suppe auch gern mit gehackten Haselnüssen.

Ergibt 3 Portionen
Vorbereitung 5 Minuten
Garzeit 20 Minuten

2 EL Rapskern- oder Olivenöl extra vergine

1 rote Zwiebel, geschält und gehackt

1 Stange Staudensellerie, fein gehackt

1 Knoblauchzehe, geschält und gehackt

500 g Pastinaken, geschält und in kleine Stücke geschnitten

1 kleiner Apfel, z. B. Bramley oder Granny Smith, geschält und in kleine Stücke geschnitten

2 TL Garam Masala (indische Gewürzmischung), plus mehr zum Garnieren (nach Belieben)

500 ml Wasser oder Gemüsebrühe

Meersalz und schwarzer Pfeffer

Das Öl in einem großen Topf leicht erhitzen. Zwiebel, Sellerie, Knoblauch, Pastinaken und Apfel hinzufügen und 10 Minuten bei geschlossenem Deckel weich dünsten.

Garam Masala einrühren, Wasser oder Brühe hinzugießen und alles umrühren. Aufkochen und bei schwacher Hitze bei geschlossenem Deckel 10 Minuten köcheln lassen. Sollte die Suppe noch zu dicksämig sein, etwas kochendes Wasser unterrühren.

– Garam Masala

Diese aromatische Gewürzmischung gibt der Suppe Geschmack, Wärme und Süße. Die Mischungen variieren, aber in der Regel enthalten sie Kreuzkümmel, Koriander, Fenchel, Zimt und andere Gewürze. Es ist praktisch, immer etwas Garam Masala in einem Schraubglas vorrätig zu haben. So bekommen Suppen und Currys ganz fix die nötige Würze. Wenn das Garam Masala zu lange lagert, verliert es seinen intensiven Geschmack. Deshalb möglichst nur kleine Mengen kaufen.

Lauch-Kartoffel-Suppe mit Grünkohl und Limette

W **V** **R**

Verabschiede dich von der Angewohnheit, Suppe in Einwegpackungen zu kaufen, und koche sie selbst auf Vorrat. Diese cremige Suppe (die ohne Sahne auskommt) schmeckt herrlich mit frischem Limettensaft und den knusprigen Erdnüssen, die vor dem Essen darübergestreut werden. Extraportionen für später einfrieren.

Ergibt 4 Portionen
Vorbereitung 10 Minuten
Garzeit 25 Minuten

**2 EL Rapskern- oder
Olivenöl extra vergine**

**2 Stangen Lauch,
klein geschnitten**

**1 Zwiebel, geschält
und gehackt**

**1 Stange Staudensellerie,
gehackt**

**350 g weißfleischige
Kartoffeln, geschält und
in kleine Stücke
geschnitten**

**100 g Grünkohl, geputzt
und klein geschnitten**

**500 ml Wasser
oder Gemüsebrühe**

**50 g ungesalzene
Erdnusskerne**

**abgeriebene Schale
von 1 Bio-Limette und
Saft nach Belieben**

**Meersalz und
schwarzer Pfeffer**

Das Öl in einem großen Topf leicht erhitzen, Lauch, Zwiebel und Sellerie hinzufügen und 10 Minuten bei geschlossenem Deckel dünsten, bis die Zwiebel weich ist.

Kartoffeln und Grünkohl hinzufügen und mit dem Wasser oder der Brühe auffüllen. Aufkochen und bei schwacher Hitze bei geschlossenem Deckel 15 Minuten köcheln lassen.

In der Zwischenzeit die Erdnüsse im Mörser grob zerstoßen.

Die Suppe cremig pürieren und mit Salz und Pfeffer kräftig würzen.

Limettenabrieb und einige Spritzer Limettensaft hinzufügen. Vor dem Essen mit den zerkleinerten Erdnüssen bestreuen.

Instantsuppe mit rotem Miso und Räuchertofu

Instantsuppen sind auf der Arbeit überaus praktisch, denn die Flüssigkeit wird erst zur Mittagszeit hinzugegossen: Sie lassen sich also leicht mitnehmen und sind auslaufsicher. Du kannst dafür alle möglichen Nudeln nehmen: aus Vollkorn, Sojabohnen, Reis, Soba, Udon, Dinkel … wähle am besten sehr dünne Nudeln, da sie im kochenden Wasser schneller garen. Kaufe Nudeln möglichst im Karton, denn der ist einfacher zu recyceln als Plastik.

Ergibt 1 Portion
Vorbereitung 5 Minuten

2 TL rote Misopaste

1 Stück Ingwer (5 mm),
 geschält und gerieben

½ kleine rote Chilischote,
 entkernt und gehackt

50 dünne Vollkornnudeln

3 braune oder weiße Pilze,
 in feine Scheiben
 geschnitten

100 g fester Räuchertofu, in
 kleine Würfel geschnitten

1 EL Maiskörner (frisch,
 TK oder aus der Dose),
 abgetropft

4 grüne Bohnen,
 klein geschnitten

Alle Zutaten in eine Thermoskanne oder in ein großes, hitzebeständiges Schraubglas füllen. Die Nudeln eventuell einmal durchbrechen.

Kurz vor dem Essen ausreichend kochendes Wasser hinzugießen, sodass alle Zutaten bedeckt sind. Möglichst gut umrühren, damit sich die Misopaste auflöst. Die Thermoskanne wieder fest verschließen und die Suppe 3–5 Minuten stehen lassen. Kontrollieren, ob die Nudeln weich sind und, falls nötig, noch etwas länger stehen lassen. Das hängt auch von der Dicke der Nudeln ab.

– Resteverwertung

Du kannst für diese Instantsuppe eigentlich alles verwenden. Deshalb ist sie ideal, um vergessenes Gemüse unten aus dem Kühlschrank zu verwerten. Brokkoli, Möhren, gehobelter Kohl, Frühlingszwiebeln, Erbsen und Paprikaschoten sind allesamt geeignet; du musst sie nur klein schneiden. Nach Belieben mit einigen Nüssen, Saaten oder Kernen bestreuen.

Suppen

Butternusskürbis-Ingwer-Suppe mit Blutorange

Wenn du einen wunderbaren Kürbis im Vorrat hast, dann ist das genau die Suppe, die du daraus machen solltest. Ich verwende furchtbar gern Blutorangen, aber sie haben nur eine kurze Saison. Wenn du also keine bekommst, nimm einfach eine normale Orange. Das Haselnuss-Dukkah (Seite 27) kommt kurz vor dem Essen über die Suppe und sorgt für den extra Crunch und ein intensives Aroma – perfekt für einen herbstlichen Lunch. Reste der Suppe kannst du für später einfrieren (oder sie halten sich bis zu 3 Tage im Kühlschrank).

Ergibt 3 Portionen
Vorbereitung 10 Minuten
Garzeit 25 Minuten

2 EL Rapskern- oder Olivenöl extra vergine
1 Zwiebel, geschält und gehackt
1 Möhre, geschält und klein geschnitten
1 Stück Ingwer (1 cm), geschält und gerieben
1 Butternusskürbis (ca. 500 g), geschält, entkernt und grob gehackt
500 ml Wasser oder Gemüsebrühe
1 Blutorange
Meersalz und schwarzer Pfeffer

Das Öl in einem großen Topf leicht erhitzen, Zwiebel, Möhre und Ingwer 10 Minuten darin anschwitzen, bis die Zwiebel weich ist.

Butternusskürbis und Wasser oder Brühe hinzufügen. Aufkochen und dann bei schwacher Hitze 15 Minuten köcheln lassen, bis der Kürbis weich ist.

Alles glatt pürieren. Etwas Orangenschale darüberreiben, den Saft der Orange auspressen und unterrühren, während die Suppe weiterköchelt. Eventuell noch etwas Wasser hinzugießen. Mit Salz und Pfeffer würzen.

– Einfach ersetzen
Safran, geräuchertes Paprikapulver und Chiliflocken passen auch gut zu dieser Kürbissuppe. Du kannst den Ingwer also einfach dafür austauschen.

Suppen

Extras zum Einrühren und Garnieren

Wenn du von der Suppe mehrere Portionen zubereitest, kannst du für jede Portion zum Einrühren oder Garnieren ein anderes Aroma wählen. Das ist eine fantastische Möglichkeit, um Reste zu verwerten: Brot, Kräuter, Zitrusfrüchte, Nüsse, Saaten und Kerne, Tapenade, Pesto und Ähnliches sorgen für Abwechslung und zusätzliche Nährstoffe.

Ergibt genug für 2–3 Suppen

50 g Kräuter,
    mit Stielen, gehackt

25 g Pinienkerne

1 EL Rapskern- oder
    Olivenöl extra vergine

Meersalz und
    schwarzer Pfeffer

RESTE-KRÄUTER-PESTO

Welke Kräuter kannst du auf jeden Fall noch für ein Pesto verwenden. Petersilie, Minze, Basilikum, Koriander und Schnittlauch sind gut allein, zu zweit oder zu mehreren gemixt. Wenn du nicht genug Kräuter hast, ergänze sie durch Blattgrün wie das der Brunnenkresse.

Alle Zutaten im Mixer fein zerkleinern. Das Pesto muss nicht unbedingt glatt und sämig sein; auch grobes Pürieren ist okay. Das Pesto aus dem Mixer herauskratzen, einmal umrühren und nach Belieben würzen. In die Suppe einrühren. Das Pesto hält sich in einem Schraubglas bis zu 2 Tage im Kühlschrank.

75 g Cashewnüsse

CASHEWMUS

Dieses cremige Wohlfühlmus zum Einrühren ist eine schöne Ergänzung zur Tomaten-Paprika-Suppe mit Butterbohnen (Seite 69) und zur Erbsen-Spinat-Suppe mit Chili (Seite 73).

Die Cashewnüsse in einer kleinen hitzebeständigen Schüssel mit kochendem Wasser übergießen, sodass sie bedeckt sind. Dann 20 Minuten einweichen lassen. Anschließend mit dem Einweichwasser im Mixer fein pürieren. Nach Belieben noch etwas Wasser unterrühren.

Suppen

CROÛTONS

1–2 Scheiben altbackenes Brot, z. B. Sauerteigbrot, Mehrkornbrot, Ciabatta, Baguette

Rapskern- oder Olivenöl extra vergine

Würzmittel, z. B. getrocknete Kräuter, Salz und Pfeffer, Chiliflocken, Nährhefe

Röste aus Brotresten knusprige Croûtons, die du über Suppen und Salate streuen kannst. Bereite sie zu, wenn du den Ofen sowieso für andere Dinge nutzt (alles, was bei mittlerer bis starker Hitze in den Backofen muss, ist prima, aber achte darauf, dass die Brotreste nicht verbrennen).

Das Brot in Stücke schneiden und auf einem Backblech verteilen. Mit dem Öl beträufeln und mit den Würzmitteln bestreuen. Alles gründlich mischen und im heißen Backofen 15 Minuten goldgelb und knusprig rösten. Die nicht direkt verwendeten Croûtons in einem fest verschließbaren Behälter 1–2 Tage im Kühlschrank aufbewahren.

SAATEN-KERNE-MISCHUNG

5 EL Saaten oder Kerne (eine Mischung aus Kürbis- und Sonnen- blumenkernen mit Sesamsamen ist schön)

1 TL Rapskern- oder Olivenöl extra vergine

1 TL Tamari oder Sojasauce

Die Saaten und Kerne geben Salaten und Suppen zusätzlich Protein, Aroma und Biss. Bereite sie zu, wenn du den Ofen sowieso für andere Dinge nutzt (alles, was bei mittlerer bis starker Hitze in den Backofen muss, ist prima, aber achte darauf, dass die Körner nicht verbrennen).

Die Saaten und Kerne mit dem Öl und der Tamari oder Sojasauce mischen. Auf einem Backblech verteilen und im heißen Backofen in 5 Minuten goldbraun rösten. Abkühlen lassen, in ein Schraubglas füllen und bei Bedarf über die Lunchmahlzeit streuen.

Weitere Suppen-Toppings:

— Haselnuss-Dukkah
  (Seite 27)

— Nussmus

— Knusprige Platterbsen
  oder Kichererbsen
  (Seite 70)

— Zerkrümelter Käse

— Joghurt: Sojajoghurt,
  Kokosjoghurt,
  griechischer Joghurt oder
  cremiger Naturjoghurt

— Sumach, geräuchertes
  Paprikapulver,
  Chiliflocken, Garam
  Masala

— gehackte
  Frühlingszwiebeln

— Kräuter: Petersilie,
  Schnittlauch, Basilikum,
  Minze, Koriander

Brot

Brotaufstriche

Käse oder Hummus? Hummus oder Käse? Allzu schnell verfällt man in den üblichen Alltagstrott und bereitet tagein, tagaus immer den gleichen vegetarischen Belag zu. Hier nun einige Ideen, wie es auch abwechslungsreicher geht. Du wirst feststellen, dass du gleichzeitig die Menge an Plastik und Einwickelpapier reduzieren kannst. Jeder Belag hält sich 1–2 Tage im Kühlschrank.

Ergibt 3–4 kleine Gläser
Vorbereitung 5 Minuten

1 Dose Kichererbsen (400 g), abgetropft und abgespült
1 Knoblauchzehe, geschält und gehackt, oder 1 TL Knoblauchpulver
2 EL Rapskern- oder Olivenöl extra vergine
abgeriebene Schale und Saft von ½ Bio-Zitrone
½–1 TL geräuchertes Paprikapulver
Meersalz und schwarzer Pfeffer

HUMMUS OHNE SESAM

Kaufst du noch jede Woche deinen Hummus in der Plastikschale? Dies ist eine gute Möglichkeit, auf Plastik zu verzichten. Schulen und Kantinen haben Sesam häufig vom Speiseplan verbannt, weil er Allergien auslösen kann, deshalb hier nun ein Hummus-Rezept ohne Sesam. Verwende Reste (siehe unten), um immer wieder den Geschmack zu variieren.

Alle Zutaten im Mixer fein pürieren. Etwa 75 ml Wasser hinzufügen und zur gewünschten Konsistenz pürieren. Mit Salz, Pfeffer und extra Paprika nach Belieben würzen.

– Resteverwertung
Du kannst jede Woche einen anderen Hummus zubereiten, indem du einfach Reste hinzufügst, z. B. geröstete Zwiebel, geschmorte Zitrone, frisches oder getrocknetes Koriandergrün, frische oder geröstete rote Paprika, Oliven, Limettenabrieb und -saft, getrockneten Sumach, Pesto, sonnengetrocknete Tomaten …

1 Dose schwarze Bohnen (400 g), abgetropft und abgespült
1 TL Chipotle-Chilipaste
abgeriebene Schale und Saft von 1 Bio-Limette
Meersalz

SCHWARZE-BOHNEN-STAMPF MIT LIMETTE

Diese Kombination schmeckt köstlich im Tortilla-Wrap mit einem knackigen Salat oder in der Lunchbox mit Tortilla-Chips sowie Paprika- und Möhrenstiften.

Alle Zutaten im Mixer mit 50 ml (3 EL) Wasser zu einer glatten Paste verarbeiten, wobei einige Bohnen noch erkennbar sein dürfen. Mit Salz würzen.

1 Dose Butter-/Limabohnen (400 g), abgetropft und abgespült

1 geröstete rote Paprikaschote in Öl, gehackt

½ TL Harissa-Paste oder geräuchertes Paprikapulver

Meersalz

BUTTERBOHNEN-RÖSTPAPRIKA-MUS

Dieses Mus schmeckt einfach vorzüglich mit warmem Fladenbrot oder Streifen von Pitabrot. Packe zusätzlich einige Oliven, Nüsse und Gemüsestifte in die Lunchbox und fertig ist ein einfacher Lunch für zwischendurch.

Alle Zutaten mit 50 ml Wasser (3 EL) im Mixer zu einer glatten Paste verarbeiten. Mit Salz würzen.

1 Dose Kichererbsen (400 g), abgetropft und abgespült

1 EL Kapern, abgetropft

1 TL grober Senf oder Dijonsenf

abgeriebene Schale und Saft von ½ Bio-Zitrone

2 EL cremiger Naturjoghurt, griechischer Joghurt oder Sojajoghurt

2 Frühlingszwiebeln, gehackt

2 EL gegarte Maiskörner

Meersalz und schwarzer Pfeffer

KICHERERBSEN-MAIS-CREME

Statt der klassischen Thunfisch-Mayonnaise wird diese Creme aus Kichererbsen, Kapern und Zitrone zubereitet. Sie schmeckt besonders gut auf knusprigen Brötchen oder Bagels oder als Aufstrich für Cracker. Kapern im Glas halten sich ewig im Kühlschrank und sind ideal, um belegten Broten und Nudelsaucen diesen salzig-herben Geschmack zu geben.

Kichererbsen, Kapern, Senf, Joghurt, Zitronenabrieb und -saft in einem Mixer zu einer groben Paste verarbeiten.

Frühlingszwiebeln und Maiskörner untermischen. Mit Salz und Pfeffer würzen.

Brot

Dicke-Bohnen-Erbsen-„Guacamole" auf Sauerteigbrot

Wenn du zur Abwechslung einmal weniger Avocados auf dem Brot essen möchtest, dann probiere diesen bunten Lunch voller Proteine. Er schmeckt auch gut mit zerkrümeltem Käse als Topping. Wenn du ihn mit zur Arbeit nimmst, packe noch eine Scheibe Brot extra ein und mache daraus eine echte Klappstulle – so einfach!

Ergibt 1 Portion
Vorbereitung 10 Minuten
Garzeit 5 Minuten

50 g Dicke Bohnen
(frisch oder TK), gepalt
50 g feine Erbsen (TK)
abgeriebene Schale und
Saft von ½ Bio-Limette,
plus mehr zum Beträufeln
(nach Belieben)
Rapskern- oder Olivenöl
extra vergine
1 Scheibe Sauerteig-
oder Roggenbrot
1 Knoblauchzehe, geschält
Chiliflocken zum Garnieren
Meersalz und
schwarzer Pfeffer

Die Dicken Bohnen und Erbsen in einem Topf mit köchelndem Wasser 5 Minuten garen. In ein Sieb schütten und unter fließendem kaltem Wasser abschrecken.

Die Dicken Bohnen heraussuchen, die Bohnenkerne aus den Häuten drücken und die Häute wegwerfen.

Einige Dicke Bohnen als Garnitur beiseitelegen und die restlichen Dicken Bohnen mit Erbsen, Limettenabrieb und -saft und 1 TL Öl im Mixer zu einer groben Paste verarbeiten. Mit Salz und Pfeffer würzen.

Das Brot rösten. Solange es noch warm ist, mit etwas Öl beträufeln und mit der Knoblauchzehe einreiben. Die Bohnenmasse darauf verteilen, mit Chiliflocken bestreuen und nach Belieben mit etwas Limettensaft beträufeln.

Schnelle Quesadillas

Keine Lust auf die immer gleichen belegten Brote? Diese Quesadillas sind fix zubereitet, wenn du im Homeoffice arbeitest, und zudem ein prima Mittagessen für die Kinder. Du kannst Gemüse- oder Bohnenreste verwenden, falls du welche hast. Sesam-Tortillas sorgen für extra Protein.

Ergibt 1–2 Portionen
Vorbereitung 3 Minuten
Garzeit 5 Minuten

Rapskern- oder Olivenöl
extra vergine

2 Weizen-Tortillas

50 g Käse, gerieben

75 g gegarte Bohnen
(rote, dunkelblaue,
schwarze, Kidney-
oder Adzukibohnen)

½ kleine orange oder rote
Paprikaschote, entkernt
und klein geschnitten

Chiliflocken (nach Belieben)

Meersalz und
schwarzer Pfeffer

Das Öl in einer großen beschichteten Pfanne einige Minuten auf mittlerer Temperatur erhitzen und dann die erste Tortilla hineinlegen.

Mit der Hälfte des geriebenen Käses bestreuen und die Bohnen hinzufügen. Mit gehackter Paprika bestreuen, mit Salz und Pfeffer sowie Chiliflocken, falls verwendet, würzen. Etwa 2 Minuten in der Pfanne backen, bis der Käse zu schmelzen beginnt, und dann den restlichen Käse darübergeben. Die zweite Tortilla auflegen und mit dem Pfannenheber bis zu den Rändern fest andrücken. Noch 1 Minute backen und dann die Quesadilla vorsichtig wenden. Weitere 2 Minuten backen, bis die Unterseite fast vollständig gebräunt ist (mit dem Pfannenheber anheben und kontrollieren).

Die Tortilla auf ein Schneidebrett gleiten lassen und mit dem Pizzaschneider oder einem Messer in 6 Tortenstücke schneiden.

Brot

Rote-Bete-Mus mit Limette und Käse auf Brot

Die leuchtende Rote Bete ist großartig als Belag für belegte Brote. Meide die in Plastik abgepackten Knollen; die Rote Bete aus dem Glas ist besser und oftmals billiger (spüle Essig und Zucker gründlich ab). Es ist aber auch ganz einfach, Rote Bete selbst zu rösten – ideal, wenn du sowieso etwas im Backofen backst. Das spart Arbeit und Energie. Statt der Kürbiskerne kannst du auch gehackte Walnüsse verwenden.

Ergibt 1 Portion
Vorbereitung 5 Minuten
Garzeit 30 Minuten (wenn die Rote Bete noch geröstet wird)

1 Knolle Rote Bete, oder 25 g gegarte Rote Bete, abgespült und abgetropft

25 g krümeliger weißer Käse (oder eine vegane Alternative), zerkrümelt

1 Spritzer Zitronen- oder Limettensaft

1 Bagel oder 1 Stück Ciabatta, halbiert

1 Handvoll Rucola oder Brunnenkresse

1 TL Kürbiskerne

schwarzer Pfeffer

Den Backofen auf 200 °C vorheizen (falls er noch nicht für etwas anderes heiß ist).

Frische Rote Bete in Spalten schneiden, in Aluminiumfolie einwickeln und 30 Minuten im vorgeheizten Backofen rösten. Für die Garprobe mit der Messerspitze hineinstechen. Wenn das Messer leicht wieder herauskommt, ist die Rote Bete gar. Aus dem Backofen nehmen und abkühlen lassen.

Rote Bete und Käse mit einem Spritzer Zitronen- oder Limettensaft im Mixer zu einer groben Paste verarbeiten. Wenn kein Mixer zur Verfügung steht, die Rote Bete fein hacken und mit dem Käse und dem Zitronen- oder Limettensaft vermengen. Mit schwarzem Pfeffer würzen.

Bagel oder Ciabatta rösten und anschließend mit dem Rote-Bete-Mus, Rucola oder Brunnenkresse und Kürbiskernen belegen.

– Lokal kaufen
Neigst du dazu, immer abgepackten Käse zu kaufen? Um Transportkosten und Plastikverpackung einzusparen, kaufe Käse demnächst bei lokalen Erzeugern. Wenn du beispielsweise Schafskäse liebst, dann versuche eine Käserei in der Nähe zu finden, die einen salzigen, krümeligen Käse herstellt (diese Art Käse wird fast überall auf der Welt produziert). Am Marktstand oder im Käseladen darfst du unter Umständen sogar deinen eigenen Behälter mitbringen oder den Einkauf in ungewachstes Papier einwickeln, wenn du fragst.

Tofu-Baguettes mit Radieschen, Apfel und Möhre

Wenn du noch Tofureste im Kühlschrank hast, dann verwende sie für diese pikante Brotmahlzeit, die vom vietnamesischen Bánh Mì inspiriert ist. In Vietnam wird der Tofu warm serviert – und so kannst du ihn auch genießen, wenn du ihn zu Hause zubereitest. Doch das belegte Brot schmeckt auch kalt, wenn du es mitnimmst. Falls du eigene Kräuter anbaust, könntest du Minzblätter hinzufügen, aber du musst die Minze nicht extra kaufen.

Ergibt 1 Portion
Vorbereitung 5 Minuten
Garzeit 8 Minuten

1 TL Rapskern- oder Olivenöl extra vergine

50 g fester Räucher-Tofu, in dünne Scheiben geschnitten

1 TL Apfelessig

1 TL Chipotle-Chilipaste oder Chilisauce

1 EL cremiger Naturjoghurt, griechischer Joghurt oder Kokosjoghurt

ca. 15 g Koriandergrün

1 kleines Baguette

½ kleiner Apfel, in Spalten geschnitten

1 Möhre, geschält und in Stifte geschnitten oder geraspelt

2 Radieschen, in Scheiben geschnitten

Minzblätter (nach Belieben)

Das Öl in einer Pfanne oder Grillpfanne auf mittlere Temperatur erhitzen. Den Tofu hinzufügen und 5 Minuten anbraten, dann wenden und weitere 3 Minuten braten, bis die Ränder schön kross sind.

Inzwischen Apfelessig, Chipotle-Chilipaste oder Chilisauce und den Joghurt in einer Schüssel verrühren.

Das Koriandergrün klein hacken und unter die Chilisauce rühren.

Das Baguette längs aufschneiden, aber nicht ganz durchschneiden (damit die Füllung nicht herausfällt). Die Innenseiten mit der Chilisauce bestreichen.

Das Baguette mit dem gebratenen Tofu füllen. Mit Apfel, Möhre und Radieschen ergänzen.

Koriander- und Minzblätter hinzufügen, falls verwendet. Fest in Bienenwachspapier einwickeln, falls das Baguette zur Arbeit mitgenommen wird.

Brot

Pilz-Lauch-Päckchen
mit Adzukibohnen und Miso

Teigpäckchen sind ideal, um Gemüse und Bohnen aus dem Kühlschrank zu verwerten, und du kannst den Geschmack nach Belieben variieren – Miso, Pesto, Chilisauce, frische oder getrocknete Kräuter … alles passt! Die Päckchen schmecken am besten warm und können kurz im Backofen aufgewärmt werden (in der Mikrowelle wird der Teig leider meist weich).

Ergibt 4 Päckchen
Vorbereitung 10 Minuten
Garzeit 30 Minuten

1 EL Rapskern- oder
    Olivenöl extra vergine
1 Stange Lauch, in Streifen
    geschnitten
100 g Pilze, klein
    geschnitten
2 TL rote Misopaste
200 g gegarte Adzukibohnen
300 g Mürbeteig für
    herzhaftes Gebäck
    (aus dem Kühlregal)
Mehl zum Bestäuben
Milch zum Bestreichen
schwarze Sesamsamen
    zum Garnieren

Den Backofen auf 200 °C vorheizen (falls er noch nicht für etwas anderes heiß ist).

Das Öl in einer Pfanne oder Grillpfanne auf mittlere Temperatur erhitzen. Lauch und Pilze hinzufügen und 5 Minuten anbraten, bis der Lauch weich ist. Misopaste und Bohnen untermischen und rühren, bis sich die Misopaste aufgelöst hat.

Den Teig auf einer bemehlten Arbeitsfläche 3 mm dick ausrollen und in 4 Quadrate von 15 x 15 cm Größe schneiden.

Die Bohnenmasse mitten auf jedes Quadrat geben und ein wenig verstreichen.

Mit etwas Milch bestreichen. Die Ecken jedes Quadrats zur Mitte falten und fest zusammendrücken. Nochmals mit etwas Milch bestreichen. Zum Garnieren mit schwarzen Sesamsamen bestreuen. Die Teigpäckchen auf ein mit Backpapier ausgelegtes oder beschichtetes Backblech legen und im vorgeheizten Backofen 25 Minuten goldgelb backen.

– Resteverwertung
Schwarze Bohnen, Kidneybohnen und Kichererbsen passen auch gut in diese Päckchen. Wenn du also entsprechende Reste hast, wirf sie nicht weg – friere sie ein, wenn du sie als Füllung für die Teigpäckchen verwenden möchtest. Füge einfach noch Gemüse hinzu (Mais und Paprika sind klasse) und etwas Nudelsauce, Salsa oder Pesto, und sei kreativ bei der Resteverwertung!

Bagel mit Erdnussbutter, Limette, Chili und Brunnenkresse

Hier kommt ein schneller, proteinreicher Bagel – eine schöne Abwechslung von den immer gleichen Sandwiches. Erdnussbutter passt gut zu Salat – wenn du sie also sowieso schon gern auf Toast isst, probiere diese Kombi doch einfach mal aus!

Ergibt 1 Portion
Vorbereitung 2 Minuten
Garzeit 2 Minuten

1 Bagel, in der Hälfte durchgeschnitten

1 EL Erdnussbutter, crunchy

1 Limettenspalte

Chiliflocken

1 Handvoll Brunnenkresse

Den Bagel im Toaster rösten.

Eine Bagelhälfte mit Erdnussbutter bestreichen, mit Limettensaft beträufeln und mit Chiliflocken bestreuen. Die Brunnenkresse darauf anrichten und die andere Bagelhälfte auflegen.

– Grüne Vielfalt
Ersetze Brunnenkresse durch Rucola oder Blattspinat, oder was du gerade im Vorrat hast – alle grünen Blattsalate stecken voller Nährstoffe.

Brot-Variationen

Meist neigen wir dazu, tagein, tagaus die gleichen belegten Brote zuzubereiten oder zu kaufen. Und seien wir ehrlich: Glauben wir wirklich, dass die ganze Plastikverpackung wirklich recycelt wird? Hinzu kommt, dass viele fertige Veggie-Brote nicht gerade billig sind. Warum beginnst du nicht heute damit, deine Brote selbst zuzubereiten?

BROT   +   PROTEINE   +

Herzhafte selbstgebackene Brote oder Brote vom guten Traditionsbäcker sind so viel besser als das abgepackte Sandwich aus dem Supermarkt. Warum kaufst du nicht am Wochenende einen guten Laib Brot, schneidest ihn in Scheiben und frierst diese ein? Dann hast du in der Woche immer gutes Brot für leckere Brotmahlzeiten. Hier einige Vorschläge, die dich daran erinnern, was für eine große Brotvielfalt es gibt.

Roggenbrot
Pumpernickel
Körnerbrot
Mehrkornbrot
Walnuss-Rosinen-Brot
Chia-Leinsamen-Brot
Ciabatta
Baguette
Focaccia
Olivenbrot
Naan
Roti
Fladenbrot
Tortilla
Pitabrot
Challa
Sodabrot
Bagels

Damit du nachmittags nicht in ein Energieloch rutschst, brauchst du Proteine auf dem Brot. Käse und Hummus, klar, aber es gibt noch viele andere Möglichkeiten.

Edamame-Bohnen
Erbsen
Butter-/Limabohnen
Cannellinibohnen
Weiße Bohnen
Tofu (geräuchert, in Scheiben geschnitten, zerkrümelt ...)
Falafel
Kichererbsen
Kichererbsen-Mais-Creme (Seite 93)
Pinienkerne
Joghurt/Zaziki

Brot

So kannst du dein Geld für köstliche Zutaten von bester Qualität ausgeben und mehr Abwechslung und gesunde Nährstoffe in deine Mittagsmahlzeit bringen.

Wähle für das perfekt belegte Brot etwas aus jeder der folgenden Gruppen!

GEMÜSE UND OBST + EXTRAS

Etwas Knackiges passt gut aufs belegte Brot. Die alten Klassiker Gurke und Tomate machen das Brot schnell weich, warum also nicht mal etwas Neues ausprobieren? Packe so viel Gemüse wie möglich auf jedes Brot und variiere jeden Tag.

Kresse
Rote Bete/Rote-Bete-Mus (Seite 27)
Möhre
Brunnenkresse
Rucola
Rote Paprikaschote
Tomaten (frische, sonnengetrocknete, geröstete …)
Zuckererbsen
Grünkohl (klein gehackt)
Erbsen
Rotkohl (frisch oder eingelegt)
Sauerkraut
Kimchi
Röstgemüse
Krautsalat (Seite 40–41)
Apfel
Satsuma
Aprikosen
Rosinen

Noch mehr Geschmack bekommt das Brot mit diesen Extras. Vielleicht hast du sie sowieso im Vorrat – für einen echten Aromakick braucht es nicht viel.

Oliven
Kräuter
Gewürzgurken
Pesto
selbstgemachtes Chutney
Chili (getrocknete Flocken
    oder frisch gehackt)
Kapern
Senf
Harissa-Paste
Kürbiskerne
Sesamsamen

Brot

Maisbratlinge

Mit Thai-Currypasten zauberst du im Handumdrehen einen Hauch von Ingwer, Zitronengras und Chili ins alltägliche Mittagessen (es gibt sie auch ohne Fischsauce). Genieße die Bratlinge mit Salat und einem Spritzer Limettensaft, oder fülle sie in Burger-Brötchen oder Ciabatta mit Krautsalat, wenn es etwas gehaltvoller sein soll.

Ergibt 3–4 Portionen
 (8 Bratlinge)
Vorbereitung 10 Minuten
Garzeit 10–15 Minuten
 (je nach Pfannengröße)

2 Maiskolben oder 300 g Maiskörner (aus der Dose oder TK)

2 Frühlingszwiebeln, gehackt

2 Eier, leicht verquirlt

100 g Mehl

1 TL Backpulver

1 EL rote Thai-Currypaste

Rapskern- oder Olivenöl extra vergine

Zum Servieren:
Burger-Brötchen oder Ciabatta (nach Belieben)

Salat oder Krautsalat nach Wahl (Seite 40–41)

Werden frische Maiskörner verwendet, dann die Körner mit einem scharfen Messer vom Maiskolben streifen. Eine große Pfanne oder Grillpfanne (Öl ist nicht nötig) auf mittlere bis hohe Temperatur erhitzen, Maiskörner und Frühlingszwiebeln 5 Minuten darin rösten, bis die Körner rundum leicht ankohlen.

Eier und Mehl im Mixer mit der Hälfte der gebratenen Maiskörner zu einer glatten Masse verarbeiten. In eine Schüssel geben und mit der restlichen Maismischung sowie der roten Currypaste gut verrühren. Mit Salz und Pfeffer würzen.

In der Pfanne etwas Öl auf mittlere Temperatur erhitzen. 2–3 gehäufte Esslöffel der Maismasse hineingeben (je nach Größe der Pfanne), 2 Minuten braten, dann wenden und weitere 2 Minuten braten. Aus der Pfanne heben, nach und nach 8 Bratlinge zubereiten.

Wird das Gericht zum Mitnehmen vorbereitet, dann Salat oder Krautsalat sowie ein Burger-Brötchen oder ein Stück Ciabatta ebenfalls einpacken. Die Bratlinge schmecken warm oder kalt. Burger oder belegtes Brot im Voraus zubereiten – einfach fest einwickeln, damit unterwegs nichts herausfällt.

– Saisonal essen
Frischer Mais ist köstlich und auch billig, wenn er gerade Saison hat. Wenn du viele Maiskolben hast, streife die Körner ab und friere sie für später ein. Mais aus der Dose (ohne cremige Sauce) eignet sich ebenfalls für diese Bratlinge, sodass du diese Mittagsmahlzeit das ganze Jahr über genießen kannst.

Brot

Schwarze-Bohnen-Bratlinge mit Avocado und Radieschen-Salsa

Bratlinge aus schwarzen Bohnen sind eine großartige Alternative zu Falafeln. Die Minze sorgt für eine schöne Frische, aber du kannst auch Koriander nehmen. Verwende die Bratlinge nach Belieben als Füllung für Pitabrote oder Burger-Brötchen.

Ergibt 3–6 Portionen
(6 Bratlinge)
Vorbereitung 10 Minuten
Garzeit 10 Minuten

1 Dose schwarze Bohnen (400 g), abgetropft

1 Scheibe Brot (ca. 50 g)

1 TL Chipotle-Chilipaste

1 kleine Zwiebel, geschält und fein gehackt

1 Handvoll frische Minze, gehackt

1 Ei

2 EL Rapskern- oder Olivenöl extra vergine

Meersalz und schwarzer Pfeffer

Zum Servieren:

1 Avocado, geschält, entsteint und klein geschnitten

3–4 Radieschen, klein geschnitten

abgeriebene Schale und Saft von 1 Bio-Limette

3–6 Pitabrote oder Burger-Brötchen

Die Bohnen im Mixer zu einer Paste verarbeiten, dabei sollten einige Bohnen zerstampft werden, andere noch ganz bleiben. Die Masse aus dem Mixer löffeln und beiseitestellen.

Das Brot im Mixer zu Paniermehl verarbeiten.

Bohnen, Brotbrösel, Chipotle-Chilipaste, Zwiebel, Minze und Ei in einer Schüssel gründlich mischen. Mit Salz und Pfeffer würzen.

Diese Masse in 6 gleich große Portionen teilen. Jede Portion zu einer Kugel formen und zu einem runden, 6 cm großen Bratling flach drücken.

Das Öl in einer großen Pfanne oder Grillpfanne bei mittlerer Temperatur erhitzen. In der Pfanne drei Bratlinge 4 Minuten braten, dann vorsichtig wenden und weitere 3 Minuten braten, bis sie schön gebräunt sind. Aus der Pfanne heben, auf Küchenpapier abtropfen lassen und die restlichen drei Bratlinge braten.

Avocado, Radieschen, Limettenabrieb und -saft in einer Schüssel mischen. Mit Salz und Pfeffer würzen.

Wird das Gericht zum Mitnehmen vorbereitet, dann Brot und Salsa ebenfalls einpacken. Die Bratlinge eventuell noch einmal aufwärmen, aber sie schmecken warm oder kalt. Pitabrot oder Burger im Voraus zubereiten – einfach fest einwickeln, damit unterwegs nichts herausfällt.

– Paniermehl selbermachen

Es gibt keinen Grund, abgepacktes Paniermehl zu kaufen. Einfach frisches Brot oder Brot vom Vortag im Mixer fein zerbröseln und als Vorrat einfrieren. Jedes Brot ist geeignet: Weißbrot, Körnerbrot, Ciabatta, Sauerteigbrot …

Brot

Brötchen mit rauchiger Jackfrucht und Möhren-Sesam-Salat

Die Jackfrucht gibt es mittlerweile in Dosen zu kaufen: eine wirkliche tolle Zutat, wenn man kein Fleisch isst und andere im Haushalt das Fleisch vermissen. Warm schmeckt sie köstlich und ist deshalb eine tolle Mittagsmahlzeit am Wochenende. Die zerpflückte Jackfrucht lässt sich gut einfrieren, deshalb kannst du Reste gut in den Tiefkühler legen.

Ergibt 4 Portionen
Vorbereitung 5 Minuten
Garzeit 30 Minuten

1 EL Rapskern- oder
   Olivenöl extra vergine

1 kleine rote Zwiebel,
   geschält und in dünne
   Streifen geschnitten

1 Knoblauchzehe, geschält
   und gehackt

1 EL geräuchertes
   Paprikapulver

1 TL brauner oder weißer
   Zucker

1 Dose stückige Tomaten
   (200 g)

1 Dose grüne/junge
   Jackfruchtstücke
   in Salzlake (400 g)

1 TL Chiliflocken

4 Brioche- oder Burger-
   Brötchen, oder Ciabatta-
   Stücke

schwarzer Pfeffer

Brunnenkresse oder
   Spinatblätter zum
   Servieren

Für den Möhren-Sesam-Salat:

2 Möhren, geschält und
   geraspelt

1 TL schwarze Sesamsamen

abgeriebene Schale und
   Saft von 1 Bio-Limette

Das Öl in einer großen Pfanne oder Grillpfanne schwach erhitzen. Zwiebel und Knoblauch hinzufügen und bei geschlossenem Deckel 10 Minuten dünsten, bis die Zwiebel weich ist.

Paprika, Zucker und Tomaten unterrühren, dann die Jackfrucht mit dem Wasser aus der Dose hinzufügen. Fast zum Kochen bringen, dann die Hitze reduzieren und 15 Minuten köcheln lassen. Die Jackfrucht mit einem Holzlöffel zerpflücken und gut umrühren. Weitere 5 Minuten köcheln lassen. Mit Chiliflocken und schwarzem Pfeffer würzen (Salz ist nicht nötig).

In der Zwischenzeit für den Salat alle Zutaten in einer Schüssel mischen.

Die Brötchen oder Ciabatta-Stücke leicht rösten und mit der Brunnenkresse, der warmen Jackfrucht und dem Möhren-Sesam-Salat füllen.

Brot

Snacks

Möhrenkuchen-Glücksbällchen

Diese Kugeln sind einfach und schnell zubereitet und viel umweltfreundlicher als die verpackten Snack-Bällchen in Einwegplastik. Bewahre sie bei der Arbeit oder zu Hause im Kühlschrank auf (sie halten sich dort in einem luftdicht schließenden Behälter mindestens eine Woche) und gönne dir immer dann ein Bällchen, wenn du einen Energiekick brauchst.

Ergibt 6 Bällchen
Vorbereitung 5 Minuten

**50 g Walnusskerne
(Stücke oder halbe
Kerne sind okay)**
75 g Datteln, gehackt
**1 kleine Möhre, geschält
und fein geraspelt**
**½ TL Lebkuchengewürz
oder gemahlener Zimt**
**abgeriebene Schale
von 1 Bio-Limette**

Alle Zutaten im Mixer zu einer Masse verarbeiten. Es macht nichts, wenn Datteln und Walnüsse noch stückig sind.

Aus der Masse mit den Händen 6 Bällchen rollen.

Im Kühlschrank fest werden lassen und dort bis zum Verzehr aufbewahren.

– Noch mehr Ideen für Glücksbällchen
Du kannst für die Glücksbällchen alles verwenden, was du im Vorrat hast, denn du brauchst nur kleine Mengen (halbiere die angegebenen Mengen, falls du experimentieren möchtest). Warum versuchst du nicht einmal Erdnüsse, Macadamianüsse, getrocknete Aprikosen, Kirschen und Feigen, Himbeeren, Kakao, Kokos oder Chiasamen? Du kannst die Bällchen zusätzlich in Kokosraspeln, Matcha-Pulver oder Kakaopulver wenden. Probier's aus!

Snacks

Brombeer-Bananen-Wecken mit Zitrone

Überreife Bananen und weiche Früchte werden häufig weggeworfen. Wenn du also welche im Vorrat hast, die ihre beste Zeit hinter sich haben, dann probiere dieses einfache Gebäck aus. Ich backe diese Wecken immer dann, wenn wir gerade Brombeeren gepflückt haben, aber du kannst ebenso gut frische oder tiefgefrorene Himbeeren, Heidelbeeren, Stachelbeeren oder schwarze Johannisbeeren verwenden. Trockenfrüchte wie Rosinen, Aprikosen, Cranberrys, Sauerkirschen oder Feigen passen ebenfalls gut. Die Wecken sind prima zum Frühstück bei der Arbeit oder als kleine Zwischenmahlzeit am Nachmittag.

Ergibt 6 Wecken
Vorbereitung 12 Minuten
Garzeit 20–25 Minuten

50 ml Milch
   (oder milchfreier Drink)

abgeriebene Schale und
   Saft von ½ Bio-Zitrone

50 g Butter oder vegane
   Alternative, plus mehr
   zum Fetten der Form

125 g Mehl

1 TL Backpulver

50 g Zucker

1 überreife Banane,
   zerstampft

1 Ei

50 g Brombeeren

Mohnsamen zum Bestreuen
   (nach Belieben)

Milch, Zitronenabrieb und -saft in einer Schüssel mischen. Bis zu den nächsten Schritten 10 Minuten stehen lassen.

Den Backofen auf 180 °C vorheizen (falls er noch nicht für etwas anderes heiß ist). Ein Muffinblech mit 6 Vertiefungen mit Papierförmchen auslegen oder, falls ein Silikonblech verwendet wird, mit etwas Butter einfetten.

Die Butter in einem kleinen Topf bei schwacher Hitze zerlassen und dann ein wenig abkühlen lassen.

Mehl und Backpulver mischen und in die Rührschüssel sieben. Den Zucker untermischen. Die zerlassene Butter und die zerstampfte Banane hinzufügen.

Das Ei aufschlagen und kurz unter die Milchmischung rühren. Diese Mischung zur Mehlmischung geben. Die Brombeeren ebenfalls hinzufügen und alles gut verrühren.

Den Teig auf die Vertiefungen des Muffinblechs verteilen und, falls verwendet, mit Mohnsamen bestreuen. Im vorgeheizten Backofen 20–25 Minuten backen, bis die Oberseite goldgelb ist.

– Bananen

Wenn deine Bananen oft braun werden, bevor du sie essen kannst, ist es vielleicht sinnvoll, sie rechtzeitig einzufrieren und später für Backwaren oder Smoothies zu verwenden. Schäle sie und schneide sie klein, packe sie in Gefrierbehälter oder -beutel und dann ab in den Tiefkühler. Vor dem Backen auftauen oder gefroren für Smoothies verwenden.

Snacks

Süß-salziges Popcorn

Liebst du Popcorn? Es ist kinderleicht und billig, Popcorn selbst zu machen. Lege dir eine Tüte davon in den Schreibtisch, um zwischen zwei Besprechungen kurz davon zu naschen, oder wenn du etwas für den langen Nachhauseweg brauchst. Verwende erst die Tüten, die du noch hast, bevor du Mehrwegtüten kaufst (achte auf Tüten aus recycelten Materialien). Wische oder spüle die Tüten zwischendurch aus und versuche, sie so oft wie möglich zu verwenden. Du kannst genauso gut Dosen oder Plastikbehälter verwenden, sie sind aber unhandlicher zum Mitnehmen.

Ergibt 2 Tüten
Garzeit 5 Minuten

**1 EL Rapskern- oder
   Olivenöl extra vergine**
50 g Popcorn-Mais
2 EL Butter oder Kokosöl
**1 EL Honig oder
   Golden Syrup (heller
   Zuckerrohrsirup)**
Meersalz

Einen großen beschichteten Topf, möglichst mit durchsichtigem Deckel, verwenden. Das Öl hineingießen und den Topf auf mittlere Temperatur erhitzen.

Sobald das Öl heiß ist, den Popcorn-Mais hineingeben, den Topf gut schütteln, damit die Körner vom Öl überzogen werden, und den Deckel auflegen. Eine Minute stark erhitzen, sobald die Körner aufpoppen, die Hitze reduzieren.

Der Mais braucht etwa 2–3 Minuten, bis er aufpoppt, deshalb den Topf gut im Blick behalten. Den Topf zwischendurch immer wieder schütteln. Sobald das poppende Geräusch nachlässt, den Topf vom Herd nehmen, damit die aufgepoppten Körner nicht verbrennen. Etwa 1–2 Minuten stehen lassen, da noch einige Maiskörner aufpoppen können.

Das Popcorn in eine Schüssel füllen und nicht aufgepoppte Körner entfernen.

Butter oder Kokosöl in den Topf geben und erhitzen, bis sie geschmolzen sind. Honig oder Golden Syrup untermischen. Das Popcorn hinzufügen und rühren, bis es vollständig überzogen ist. Nach Belieben Meersalz untermischen.

– Schokoladen-Popcorn
In einem beschichteten Topf 25 g Bitter- oder Zartbitterschokolade schmelzen lassen und zum aufgepoppten Mais geben. Den Topf vom Herd nehmen und alles umrühren, bis das Popcorn von der Schokolade überzogen ist.

– Paprikapulver-Popcorn
Statt Honig oder Golden Syrup noch 1 TL geräuchertes Paprikapulver unterrühren.

Snacks

Grünkohl-Chips mit Limette und Tamari

Grünkohl scheint es immer nur in großen Packungen zu geben. Deshalb ist dies eine großartige Art und Weise, alle Reste aufzubrauchen. Tamari und Limette geben dem Ganzen einen köstlichen Umami-Geschmack. Die Chips schmecken wunderbar zu Sandwiches oder als kleiner Snack am Nachmittag. Schwarzkohl oder krauser Grünkohl sind ideal für Chips.

Ergibt 1 Tüte
Vorbereitung 2 Minuten
Garzeit 25 Minuten

50 g Grünkohl, geputzt
1 TL Rapskern- oder Olivenöl extra vergine
abgeriebene Schale und Saft von ½ Bio-Limette
1 TL Tamari oder Sojasauce
Meersalz (nach Belieben)

Den Backofen auf 100 °C vorheizen.

Die Grünkohlblätter mit der Schere in kleine, gleich große Stücke schneiden.

Grünkohl mit Öl, Limettenabrieb und -saft, Tamari oder Sojasauce in eine große Schüssel geben und mit den Händen kneten, bis die Grünkohlblätter vollständig von den anderen Zutaten überzogen sind. Das mag sich merkwürdig anhören, aber es geht einfacher als mit einem Löffel!

Den Grünkohl auf einem großen Backblech verteilen und im vorgeheizten Backofen 25 Minuten rösten, bis er knusprig, aber noch grün ist. Aus dem Backofen nehmen und abkühlen lassen.

Snacks

Pikante Nüsse und Kerne

Dies ist eine perfekte Möglichkeit, um alten Nüssen und Kernen, die noch in halbleeren Tüten ihr Dasein fristen oder weich werden, ein zweites Leben einzuhauchen. Genieße sie als Snack oder hacke sie klein und streue sie über Salate.

Ergibt 2 Portionen
Vorbereitung 2 Minuten
Garzeit 15 Minuten

50 g Nusskerne (z. B. Macadamia-, Mandel- und Walnusskerne)
1 TL Kürbiskerne
1 TL Rapskern- oder Olivenöl extra vergine
1 TL geräuchertes Paprikapulver
½ TL gemahlener Kreuzkümmel
½ TL Honig oder Golden Syrup (heller Zuckerrohrsirup)
Meersalz und schwarzer Pfeffer

Den Backofen auf 160 °C vorheizen (falls er noch nicht für etwas anderes heiß ist).

Alle Zutaten in eine Schüssel geben, mit Salz und Pfeffer würzen und vermischen.

Ein Backblech mit Backpapier auslegen und die Nüsse und Kerne darauf verteilen. Im vorgeheizten Backofen 15 Minuten rösten, aus dem Backofen nehmen und abkühlen lassen. In einem Schraubglas oder einer Dose aufbewahren.

Snacks

Flexi-Flapjack-Riegel

Natürlich ist es verlockend, zusammen mit dem Kaffee noch einen in Plastik verpackten Flapjack oder Schokoriegel mitzunehmen, doch all diese kleinen Plastikverpackungen addieren sich mit der Zeit – sowohl, was die Kosten, als auch, was den Plastikmüll angeht. Dieses Rezept ist super flexibel: Du kannst deine liebsten Trockenfrüchte, Nüsse, Saaten und Kerne verwenden und genau den Flapjack backen, den du magst. Diese Riegel sind ideal als Pendler-Frühstück oder als Energiespender am Nachmittag.

Ergibt 6 Riegel
Vorbereitung 5 Minuten
Garzeit 15–20 Minuten

50 g Butter oder vegane Butter
50 g brauner Zucker
1 EL Golden Syrup (heller Zuckerrohrsirup)
100 g Haferflocken
75 g getrocknete Aprikosen, klein gehackt
1 TL Chiasamen
1 EL Mandelkerne

Den Backofen auf 160 °C vorheizen (falls er noch nicht für etwas anderes heiß ist) und ein kleines Backblech von 18 x 12 cm mit Backpapier auslegen. (Falls das Blech nicht diese Größe hat, dann einfach eine runde Backform verwenden. Oder ein halbes größeres Backblech 1 cm hoch füllen.)

Butter, Zucker und den Sirup in einem kleinen Topf erhitzen, bis alles geschmolzen ist, und dann Haferflocken, Aprikosen, Chiasamen und Mandeln unterrühren. Die Masse in der vorbereiteten Form verteilen und an den Rändern festdrücken.

Im vorgeheizten Backofen 15–20 Minuten backen, bis die Oberseite goldgelb ist. Aus dem Backofen nehmen, 5 Minuten abkühlen lassen und dann in 6 Flapjacks schneiden (noch in der Form lassen, da die Masse zu diesem Zeitpunkt noch krümelig ist). Vollständig abkühlen lassen und aus der Form nehmen.

– Flapjack-Variationen

Die Aprikosen durch Rosinen, Korinthen, Datteln oder getrocknete Cranberrys, Mangos, Feigen, Äpfel oder Kirschen ersetzen.

Die Chiasamen durch Sesamsamen, Leinsamen, Sonnenblumenkerne oder Kürbiskerne ersetzen.

Die Mandeln durch Haselnüsse, Macadamianüsse, Walnüsse, Pistazien, Pekannüsse oder Erdnüsse ersetzen.

Snacks

Knabberboxen

Dies ist kein echtes Rezept, sondern es sind Vorschläge, wie du noch bessere Snacks zusammenstellen und Einwegverpackungen vermeiden kannst. Suche dir einen schönen Behälter mit fest verschließbarem Deckel und fülle ihn mit den Snacks, die dich gut durch den Arbeitstag bringen. Unverpacktläden bieten eine gute Auswahl an Nüssen, Trockenfrüchten, Schokolinsen und vielem mehr.

Unten findest du einige Vorschläge für Leckereien, mit denen du nach Lust und Laune deine Knabberbox zusammenstellen kannst. Wenn du eine kleine Bentobox hast, dann kannst du alles getrennt mitnehmen, aber mir macht es nichts aus, wenn sich alles zu einer süß-salzigen Kombi mischt!

— Macadamianüsse
— Erdnüsse
— Cashewnüsse
— Mandeln
— Pekannüsse
— Pistazien

— Aprikosen
— Cranberrys
— Sauerkirschen
— Apfelringe
— Ananas
— Rosinen
— Bananenchips

— Rosinen mit Joghurtkruste
— Bitterschokoladen-
  Täfelchen und -Linsen

— Geröstete Dicke Bohnen
— Geröstete gelbe Erbsen
— Geröstete Kichererbsen

— Kürbiskerne

— Popcorn (Seite 124)
— Brotsticks
— Cracker
— Salzbrezeln

Snacks

Super-Körner-Cracker

Saaten und Kerne sind großartige Lieferanten von Proteinen und gesunden Fetten. Die gebackenen Cracker sind einfach zuzubereiten und enthalten jede Menge Kürbiskerne, Chiasamen und Sesamsamen. Du kannst sie pur oder mit dem Hummus ohne Sesam (Seite 92) oder der Kichererbsen-Mais-Creme (Seite 93) genießen, oder einem anderen leckeren Dip nach Wahl.

Ergibt 12 Cracker
Vorbereitung 5 Minuten
Garzeit 1 Stunde

50 g Quinoa
25 g Chiasamen
2 EL Kürbiskerne
2 EL Sesamsamen
1 TL Chiliflocken
Meersalz und
    schwarzer Pfeffer

Den Backofen auf 160 °C vorheizen (falls er noch nicht für etwas anderes heiß ist) und ein kleines Backblech von 24 x 18 cm Größe mit Backpapier auslegen.

Die Quinoa in einem Topf mit köchelndem Wasser 20 Minuten garen. Anschließend abgießen, abspülen und abkühlen lassen.

Inzwischen die Chiasamen in einer hitzebeständigen Schüssel mit 75 ml (5 EL) kochendem Wasser übergießen und umrühren.

Sobald die Quinoa ausreichend gegart ist, die Chiasamen, Kürbiskerne, Sesamsamen und Chiliflocken einrühren und mit Salz und Pfeffer kräftig würzen.

Die Mischung auf dem vorbereiteten Backblech 3 mm dick verstreichen und im vorgeheizten Backofen 25 Minuten backen.

Das Backblech aus dem Backofen nehmen und die Cracker-Platte in 12 Quadrate schneiden. Die einzelnen Cracker vorsichtig wenden und auf dem Backblech weitere 15 Minuten backen, bis sie goldgelb sind. Vom Backblech nehmen und abkühlen lassen. Die Cracker halten sich in einem luftdicht verschließbaren Behälter etwa eine Woche.

Snacks

Gemüsekisten-Chips

Du kannst aus praktisch jedem Wurzelgemüse Chips machen. Wenn du also in der wöchentlichen Gemüsekiste Gemüse hast, das weich wird, und du nicht weißt, was du damit machen sollst, dann probiere doch mal dieses Rezept. Die Chips sind wunderbar zu Sandwiches oder für den Snack zwischendurch.

Das Gemüse kommt in hauchdünnen Scheiben in den Backofen, während du noch etwas anderes darin zubereitest. Zum Mitnehmen in einen Behälter oder eine wiederverwendbare Tüte füllen.

Ergibt 2 Tüten
Vorbereitung 5 Minuten
Garzeit 10–15 Minuten

1 Pastinake
1 Süßkartoffel
1 weißfleischige Kartoffel
1 große Möhre
3 EL Rapskern- oder
   Olivenöl extra vergine
1 TL geräuchertes
   Paprikapulver
Meersalz

Den Backofen auf 200 °C vorheizen (falls er noch nicht für etwas anderes heiß ist).

Das Gemüse schälen oder schrubben, dann mit einem Gemüsehobel oder einem sehr scharfen Messer in sehr feine Scheiben hobeln (je dünner, desto besser).

Die Gemüsescheiben nebeneinander auf zwei großen beschichteten Backblechen verteilen. Öl und Paprikapulver verrühren. Die Gemüsescheiben damit einpinseln. Umdrehen und von der anderen Seite ebenfalls mit der Mischung bestreichen.

Im vorgeheizten Backofen 10 Minuten backen. Dann kleine Scheiben, die schon braun werden, herausnehmen. Dickere Chips 5 Minuten weiterbacken.

Aus dem Backofen nehmen und mit Salz und Pfeffer kräftig würzen. Vor dem Essen abkühlen lassen. Die Chips schmecken am besten am selben Tag.

– Einfach austauschen
Aus Roter Bete und Rübchen werden ebenfalls wunderbare Chips. Du kannst das Paprikapulver weglassen und die Chips nach Belieben mit Chili oder schwarzem Pfeffer würzen.

Register nach Symbolen

Register
(allgemein)

Register

140

Die Temperaturangaben in diesem Buch sind in °C (Grad Celsius) angegeben.
Bei der Zubereitung im Backofen ist die Temperatur eines Elektroherds mit Umluft
gemeint. Hier einige praktische Umrechnungen.

	Backofen (Unter-/ Oberhitze) °C	Backofen (Umluft) °C
Sehr schwach	110	90
	120	100
Schwach	140	120
	150	130
Mittel	160	140
	180	160
Mittel bis stark	190	170
	200	180
Stark	220	200
	230	210
Sehr stark	240	220

Register

Dank

Meine Umstellung auf eine rein pflanzliche Ernährung hat einige Jahre
gedauert und es gibt sehr viele großartige Menschen, die mich auf
diesem Weg mit Ideen und dezenter Inspiration unterstützt haben.
Ich danke Michelle Lake, die mir ihr Wissen über eine ausgewogene,
nährstoffreiche Ernährung vermittelt hat. Marianne Jordan, die mir vor
vielen Jahren vegane Kuchen und Nussbraten sowie den fleischfreien
Freitag nähergebracht hat. Ein Dankeschön auch an Anne Harvey alias
Taste of Vietnam für ihre Tipps zu Bành Mì (Entschuldigung für meine
nicht authentische Version). Ich danke Helen Ross, die mir erzählte,
wie es ist, vegane Lunchpakete mit zur Schule zu nehmen, und mir
exzellente Top-Tipps geben konnte. Und Sancha für ihr Wissen zu
amerikanischem Käse. Ich danke euch, Katie, Alex und Dani, für euer
unschätzbares Expertenwissen. Ein Dank geht auch an das *Sustainable
St Albans*-Team, das mich inspirierte, alle Lebensmittelhersteller und
Öko-Aktivisten zusammenzubringen, damit wir alles etwas Neues lernen
(und Veränderungen umsetzen). Mein Dank gilt Barrie Johnston und
der *Great in 8*-Gang, die unheimlich hilfsbereit waren und mir erzählten,
welche Lunchgerichte sie am liebsten mögen, welche sie mit zur
Arbeit nehmen und welche die größten Begeisterungsstürme bei den
Kolleginnen und Kollegen auslösen. Ich habe viel von all jenen gehört,
die *Packed* genutzt haben, inklusive wundervoller Fotos; ich hoffe, ihr
findet in diesem Buch viel Neues, das euch Spaß macht.

Ein großes Dankeschön an Zoe Ross von United Agents, die diesem
Buch eine Chance gab, damals beim Porridge an einem kalten Morgen.
Ein Dank auch an *The Guild of Food Writers* für die Veranstaltung, bei
der ich Zoe zum ersten Mal traf, und für eure großzügige Gruppe talen-
tierter Foodies. Ein großes Dankeschön an Elen Jones und Laurence
King, die das Potenzial des Buches erkannten. Es ist das erste Kochbuch
in eurem Verlag – was für eine Ehre! Ich danke Andrew für seinen
frischen Blick und seine frischen Ideen. Sally Caulwells Illustrationen
sind echte Kunstwerke und ich bin glücklich zu sehen, wie meine Rezepte auf derart wunderbare Weise zum Leben erweckt werden. Danke, Issy,
Emily und eurem kreativen Team für die schöne Foodfotografie und das
Foodstyling. Danke, Laura Nickoll und Patricia Burgess, für den wertvol-
len redaktionellen Einsatz und Marie Lorimer für die Registererstellung.

Und zum Schluss danke ich Steve, der fast jedes Rezept getestet hast,
manchmal sogar mehr als einmal, und dafür, dass er mein allerbester
Freund im Homeoffice ist.

Laurence King Verlag GmbH
Jablonskistraße 27, 10405 Berlin
www.laurencekingverlag.de

Copyright © Text 2022 Becky Alexander
Illustrationen © 2022 Sally Caulwell
Fotos: © Issy Croker
Requisite und Hauswirtschaft: Emily Ezekiel
Design und Art Direction: Studio Polka

Becky Alexander hat ihr Recht unter dem Copyright, Design and Patents Act 1988
geltend gemacht, als Autorin dieses Werkes benannt zu werden.

© 2022 Laurence King Publishing Ltd

Laurence King Publishing ist ein Imprint von:
The Orion Publishing Group Ltd
Carmelite House, 50 Victoria Embankment
London EC4Y 0DZ

Ein Unternehmen von Hachette UK

Für die deutsche Ausgabe
Übersetzung: Birgit van der Avoort, Havixbeck
Lektorat: Writehouse, Katrin Höller, Köln
Satz: Igor Divis, Dortmund
Projektleitung: hauffe publishing, Dortmund

ISBN: 978-3-96244-234-7
1. Auflage 2022

Hergestellt von F1 Colour Ltd, London
Gedruckt in China von C&C Offset Printing Co. Ltd

Laurence King Publishing setzt sich für eine ethische und nachhaltige Produktion ein.
Wir sind stolzes Mitglied des Book Chain Project®.
Bookchainproject.com

www.laurenceking.com
www.orionbooks.co.uk